SERVIÇO SOCIAL DO COMÉRCIO
Administração Regional no Estado de São Paulo

Presidente do Conselho Regional
Abram Szajman
Diretor Regional
Danilo Santos de Miranda

Conselho Editorial
Ivan Giannini
Joel Naimayer Padula
Luiz Deoclécio Massaro Galina
Sérgio José Battistelli

Edições Sesc São Paulo
Gerente Iã Paulo Ribeiro
Gerente adjunta Isabel M. M. Alexandre
Coordenação editorial Clívia Ramiro, Cristianne Lameirinha, Francis Manzoni, Jefferson Alves de Lima
Produção editorial Thiago Lins
Coordenação gráfica Katia Verissimo
Produção gráfica Ricardo H. Kawazu
Coordenação de comunicação Bruna Zarnoviec Daniel

edições sesc

© Andrea Caruso Saturnino, 2021
© Edições Sesc São Paulo, 2021
Todos os direitos reservados

Preparação Ísis De Vitta
Revisão José Ignacio Mendes, Silvana Cobucci
Projeto gráfico, capa e diagramação Érico Peretta e Ricardo Muniz Fernandes
Fotos da montagem da capa: *Situation Room* © Jorg Baumann, *Stifters Dinge*
© Ligia Jardim, *O que eu farei com esta espada?* © Luca Del Pia, *Recorridos* ©
Mauricio Esguerra, *Testemunho das ruínas* © Rolando Vargas

Dados Internacionais de Catalogação na Publicação (CIP)

Sa84L   Saturnino, Andrea Caruso

Ligeiro deslocamento do real: experiência, dispositivo e utopia
na cena contemporânea / Andrea Caruso Saturnino. - São Paulo:
Edições Sesc São Paulo, 2021. -
232 p. il.

ISBN 978-65-86111-40-8

1.Teatro. 2. Teatro contemporâneo. 3. Experiência. 4. Pesquisa
em Teatro. 5. Pesquisa nas Artes da cena. I. Título.

CDD 792

Ficha catalográfica elaborada por Maria Delcina Feitosa CRB/8-6187

Edições Sesc São Paulo
Rua Serra da Bocaina, 570 - 11º andar
03174-000 - São Paulo SP Brasil
Tel. 55 11 2607-9400
edicoes@sescsp.org.br
sescsp.org.br/edicoes
🅵 🅈 🅾 ▶ /edicoessescsp

Andrea Caruso Saturnino

LIGEIRO DESLOCAMENTO DO REAL

EXPERIÊNCIA, DISPOSITIVO E UTOPIA
NA CENA CONTEMPORÂNEA

LATÊNCIAS IMPALPÁVEIS

O teatro é matriz para a construção de saberes que se configuram num tempo imensurável. A decantação de memórias individuais e sociais contribui para uma apreciação mais qualificada, nos possibilitando enxergar além do discurso e da superfície, num aprendizado que permite tatear afora as aparências.

As complexas demandas contemporâneas reverberam e encontram, na multiplicidade de propostas cênicas, um potencial transformador e impreciso, tal qual o momento que estamos vivendo. Algumas frentes de trabalho, com aportes teóricos, ensaios e críticas, buscam consolidar o estudo das artes da cena como corpo científico de pesquisa.

Nesse sentido, insere-se a publicação *Ligeiro deslocamento do real: experiência, dispositivo e utopia,* fruto do doutorado realizado no programa de Pós-Graduação em Artes Cênicas da Escola de Comunicações e Artes da USP, com autoria de Andrea Caruso Saturnino, pesquisadora, artista, curadora, produtora e pensadora de teatro. A partir da análise de algumas tendências da produção teatral contemporânea, foram selecionados espetáculos com aspectos relevantes para ampliar as discussões e problematizações acerca desse universo.

O livro é dividido em três partes, com reflexões sobre obras e companhias internacionais que estiveram presentes no Sesc São Paulo. A primeira, nomeada *Utopia*, enfatiza a constante renovação da linguagem por meio das encenações *¿Que haré yo con esta espada?*, da espanhola Angélica Liddell, presente em 2016 no Mirada – Festival Ibero-Americano de Artes Cênicas do Sesc, realizado na cidade de Santos; e *Stifters Dinge*, de Heiner Goebbels, que integrou a 2ª Mostra Internacional de Teatro de São Paulo – MITsp. A segunda parte, *Compartilhamento de experiência*, analisa a troca existente entre artistas e público, com o colombiano Mapa Teatro que encenou *Testigo de las ruinas*. E o terceiro segmento, nomeado *Dispositivo*, aborda a interação do público como protagonista, realizada por meio de mecanismos que forjam uma espécie de jogo, criando a situação cênica e propondo o distanciamento da ideia tradicional de teatro, sendo eles: *Pendente de voto*, do catalão Roger Bernat, por ocasião do evento Multitude; e *Situation Rooms*, com o coletivo alemão Rimini Protokoll.

Ao lidar com assimétricas formas de constituir conhecimento, como a publicação do presente livro, o Sesc vislumbra colaborar para a difusão das dimensões de encantamento que a cultura carrega em si. E, como potência a ser desvendada continuamente, o teatro ilumina perspectivas impalpáveis, decifrando, a seu modo, os incomensuráveis dilemas humanos.

Danilo Santos de Miranda
Diretor do Sesc São Paulo

10 PREFÁCIO
Sílvia Fernandes

18 PREÂMBULO

31 UTOPIA

105 COMPARTILHAMENTO DE EXPERIÊNCIA

151 DISPOSITIVO

210 DECORRÊNCIA

220 BIBLIOGRAFIA

231 SOBRE A AUTORA

PREFÁCIO

Sílvia Fernandes

A autora deste excelente livro é pesquisadora, artista, curadora, produtora e pensadora de teatro das mais potentes. Além de experimentar muitos modos de ação no campo da arte, consegue analisar a cena teatral a partir de pontos de vista inéditos, graças ao olhar inclusivo e aberto à multiplicidade.

O estudo agora publicado, fruto de uma tese de doutorado defendida no Programa de Pós-Graduação em Artes Cênicas da USP, retrata a generosidade de Andrea Caruso Saturnino, que compartilha conosco experiências e teatralidades que viveu de perto, no trânsito constante entre culturas e países, seja como criadora, espectadora ou estudiosa da cena atual. Ela arrisca-se no território movediço do teatro contemporâneo que, como bem observa, não permite distanciamento daquele que o vivencia. Pensar a cena em contexto atual é um desafio que requer coragem, sensibilidade e inteligência.

Na pesquisa, a opção por valorizar a situação pública do teatro é trilhada em via de mão dupla. Ao mesmo tempo que analisa o modo como os experimentos teatrais criam relações com a realidade social, política e cultural em que se inserem, também atenta para a forma como reverberam, ou melhor, para a capacidade que têm de propor novos dispositivos com o intuito de aguçar nossa sensibilidade em relação às situações do contexto ou do "conjunto de circunstâncias em que um fato se insere", como prefere Paul Ardenne.

O tema complexo do contemporâneo, nunca esgotado, é tratado no livro com base em ampla discussão multidisciplinar, que mobiliza questões sociais, políticas e filosóficas da atualidade e convoca teóricos do teatro como Hans-Thies Lehmann, Marvin Carlson, Josette Féral e André Eiermann; antropólogos como Eduardo Viveiros de Castro; e filósofos sempre lembrados quando se trata de ampliar as leituras do mundo e do sujeito, como Michel Foucault e Bruno Latour. Muitos outros pensadores, que não cabe aqui nomear, são mobilizados no livro para amparar a visão expandida da pesquisadora, capaz de ativar o diálogo entre o teatro e outras áreas do conhecimento. Para justificar a abordagem, faz questão de explicitar a escolha de Edgar Morin como guia de trabalho, especialmente em relação à ideia de "circulação clandestina de conceitos", que descongestiona as vias disciplinares para dar vazão a um pensamento libertário e sem fronteiras.

De fato, a desfronteirização alcança as três seções do livro, que analisam criações de diferentes artistas a partir de pontos de vista distintos. A utopia e o compartilhamento da experiência cênica com o espectador funcionam como núcleo dos dois primeiros segmentos, dedicados a Angélica Liddell (*¿Qué haré yo con esta espada?*), Heiner Goebbels (*Stifters Dinge*) e ao Mapa Teatro (*Testigo de las ruinas*). A terceira parte contempla experimentos sem a presença de atores, nos quais a interação de determinados dispositivos de jogo com o público é imperativa para a criação da situação cênica. *Situation Rooms*, do coletivo alemão Rimini Protokoll, e *Pendente de voto*, do catalão Roger Bernat, são os casos escolhidos para discutir esse tipo de criação. Em comum, eles têm a preocupação de se distanciar da ideia tradicional de teatro, preferindo nomear as ações ou os gestos artísticos que propõem ao espectador com termos diferenciais, como "teatro de *experts*" ou "teatro imersivo". Ambos já estiveram no Brasil em várias ocasiões, sendo conhecidos do público. Aliás, essa foi uma das preocupações de Andrea, que teve o cuidado de analisar artistas com quem o espectador brasileiro tem certa familiaridade.

Ainda que as experiências analisadas no livro tenham pontos de contato, é interessante constatar como as escolhas da autora seguem a diversidade de conformações do teatro contemporâneo. É o caso de *Stifters Dinge*, concebido por Heiner Goebbels em colaboração com o cenógrafo Klaus Grünberg, e *¿Qué haré yo con esta espada?*, de Angélica Liddell, dramaturga, diretora e *performer* espanhola. Andrea justifica a aproximação entre os dois criadores com base na semelhança entre as experiências do espectador. Para fundamentar seu ponto de vista, recorre ao conceito de "drama da percepção" de Goebbels, que desloca o conflito dramático para o próprio ato de assistir, ou seja, para o que acontece com o público durante o espetáculo.

Na verdade, as "coisas de Stifter" concebidas por Heiner Goebbels são materiais, objetos e elementos cênicos absolutamente concretos e em constante mutação, responsáveis pela configuração de um espaço móvel, vivo, habilmente articulado para criar "uma espécie de arquitetura em movimento" que faria inveja a Gordon Craig.

Do prazer de acompanhar a excelente análise de *Stifters Dinge* vem a constatação do modo primoroso como a ensaísta descreve a poética de objetos e máquinas, a ponto de recuperar para o leitor a sensação viva do evento cênico. É o que acontece na narrativa da cena em que a pintura de Jacob Isaakszoon van Ruisdael é projetada sobre uma tela cuja ascensão revela uma impressionante paisagem de pianos, galhos, placas de metal e madeira envoltos em névoa. Quando comenta o final da apresentação, destaca o "momento em que todo o maquinário avança lentamente em nossa direção. [...] As previsões alarmantes e a hipótese do fim do mundo, inevitavelmente, cruzam-se com as pistas que *Stifters Dinge* nos propõe".

A referência à catástrofe ambiental em curso é mais um dos indícios da atualidade e da urgência das reflexões da pesquisadora, que traduz para o leitor trechos inéditos dos escritos de Goebbels, nunca publicados no Brasil. Em uma das passagens citadas, o artista nota que os elementos de palco ativados em seu experimento são um "tópico quase antropológico e ecológico", por deslocarem do centro do espaço cênico o homem e a dramaturgia. Trata-se, nas palavras de Goebbels, de criar um *"no-man show"* ou, como prefere Hans-Thies Lehmann, de propor uma alternativa ao antropocentrismo teatral.

Mas talvez seja a análise do espetáculo de Angélica Liddell que mais se aproxime da potência performativa do teatro contemporâneo. Em leitura certeira, Andrea arrisca conexões diretas entre a vida, a condição feminina e a presença transgressora da artista em *¿Qué haré yo con esta espada?*. A narrativa potencializa a montagem organizada a partir de fatos reais, o canibalismo do estudante japonês Sagawa, em 1981, e os atentados terroristas em Paris na noite de 13 de novembro de 2015, quando a *performer* estava em cartaz na capital francesa. A aproximação do trabalho com a autobiografia e os gestos de autorrepresentação, em relação íntima com o que Michael Kirby chama de autoperformance, é visível nos "sujeitos desejantes" que tentam escapar à lógica da representação e lutam por definir as condições de expressão a partir de redes de impulso, como ressalta Josette Féral. Mas, para Andrea, a abordagem performativa e poética das questões do canibalismo e do terrorismo é feita especialmente para ressaltar o confronto com as leis do Estado, já que para Liddell o teatro é sempre um ato antissocial de insurreição.

Aliás, atos de insurreição como esse proliferam nas práticas artísticas contemporâneas, especialmente aquelas que, à semelhança das criações de Liddell, optam por mecanismos de confronto da representação com experiências testemunhais, como comprova a explosão de documentários ou a tensão entre realidade e ficção recorrente em determinados experimentos cênicos. A performance autobiográfica de artistas como ela talvez seja sintoma da necessidade de encontrar experiências "verdadeiras", "reais", colhidas em práticas extracênicas e vivenciadas na exposição imediata do *performer* diante do espectador, como observa Óscar Cornago Bernal.

Na escolha dos criadores analisados no livro, é bastante evidente a preferência da autora por coletivos reconhecidos pela criação de um teatro performativo, híbrido e político, que transita entre zonas artísticas, geográficas e culturais de fronteira. Trabalhando na intersecção entre real e ficcional, performance e testemunho, espaço teatral e espaço público, e na indefinição proposital entre o território do ator e do espectador, aproximam-se do campo expandido indicado por Carol Martin com a denominação "teatro do real". Para Martin, a sobreposição e a interação entre teatro e realidade e os limites deliberadamente borrados entre cena e mundo "real" são os traços mais visíveis de determinadas práticas cênicas do novo milênio, que se espraiam em uma variedade de formas e métodos, cujo objetivo precípuo é aproximar-se do contexto social e político e da subjetividade dos criadores.

De fato, os teatros do real do século XXI são híbridos e incluem formas renovadas de teatro-documentário, além de partilharem aspectos do pós-dramático, incluindo a particularização na subjetividade e o enfrentamento da contradição entre as irrupções do real e a moldura ficcional. Como observa Andrea, é inegável que os teatros do real são politicamente engajados, já que materializam considerações públicas sobre diversos aspectos da realidade. Interessados em uma intensa abertura para o mundo, funcionam como sintoma de uma cena plantada diretamente no terreno do social, e seus criadores parecem lutar por um espaço comum de liberdades individuais e coletivas, memórias e direitos, como observa Maryvonne Saison.

Na intenção de analisar como a matéria do teatro e o contexto social dialogam no processo de criação do teatro, a ensaísta destaca o trabalho coletivo *Testigo de las ruinas,* dos irmãos Rolf e Heidi Abderhalden, que integram o Mapa Teatro de Bogotá. A escolha é justificada, pois é uma obra intrinsecamente ligada a seu contexto – a violência dos processos de renovação urbana na América Latina.

Testigo de las ruinas remete ao espaço urbano. O espetáculo relata o processo de desapropriação e demolição das casas dos moradores de um antigo bairro da capital colombiana, o "Cartucho", destruído para a construção do parque Tercer Milenio, que apaga a memória dessa região central da cidade para criar um "não lugar desprovido de sentido histórico e simbólico para os habitantes", como nota Andrea. Contra o processo de gentrificação, frequente nas metrópoles latino-americanas, que os integrantes do Mapa Teatro consideram uma "política da antimemória", foi preciso buscar o diálogo com os moradores para produzir um "arquivo de lembranças" capaz de resistir ao apagamento da história urbana. Com a proposta, Heidi e Rolf fortalecem uma das figuras-chave de seus trabalhos, a "testemunha/cartógrafa", que problematiza a própria experiência ao contar sua história. A análise da autora remete às imagens da demolição da última casa do Cartucho, projetadas em cena, e ao depoimento de uma antiga proprietária, Juana María Ramírez, que participa do espetáculo preparando *arepas* em um fogão no canto do palco.

O comentário sublinha que, ao construírem um arquivo memorial do Cartucho com os habitantes do bairro, os integrantes do Mapa Teatro compartilharam a experiência de destruição e, de certa forma, tornaram-se testemunhas da ruína das casas e das lembranças, chegando a incluir seus depoimentos entre os relatos. Nesse caso, a palavra testemunho recupera um de seus sentidos mais fortes. Além de pressupor a aproximação com o outro, aquele que vive uma realidade desconhecida, o *testigo de las ruinas*" funciona como ato de resistência ao esquecimento. Ao relatar a violência que sofre, a testemunha ganha uma potência política singular, pois "retém a memória direta da barbárie".

Nesse sentido, pode-se dizer que Andrea Caruso Saturnino é testemunha privilegiada não apenas dos espetáculos a que assistiu e que analisou, mas também de uma história que vai além do teatro, e que compartilha conosco. No período turbulento e autoritário que atravessamos no Brasil de hoje, seu belo livro funciona como arquivo de memória de uma cena insurrecional e como modo de resistência à situação repressiva que vivemos.

PREÂMBULO

A reflexão aqui proposta foi elaborada a partir da abordagem de espetáculos que ainda estavam em circulação, portanto, encontrando novos públicos e se transformando. Em consequência disso, ao tratarmos da cena contemporânea, coloca-se o problema da falta de distanciamento temporal e o consequente desafio de referir o que se está vivenciando no mesmo tempo histórico em que se escreve. Todavia, tal desafio é o que justifica, em primeira instância, esta pesquisa. Pois é do desejo de pensar o teatro dentro do contexto em que estamos inseridos e em relação às mutações que nele ocorrem que surge a necessidade de uma prática teórica construída concomitantemente a acontecimentos cênicos atuais.

O livro é dividido em três partes, comentando espetáculos de artistas distintos para nos aproximar de questões que norteiam os trabalhos e me parecem relevantes para se pensar sobre o teatro hoje. A metodologia partiu da observação da cena teatral contemporânea por meio dos espetáculos a que assisti até meados de 2016. O título das partes foi o modo sucinto-poético encontrado para defini-las. Assim, na primeira parte, a que chamo "utopia", discorro sobre duas diferentes perspectivas de abordagem do presente; na segunda, analiso a questão do compartilhamento de experiências dos artistas com o público; e na terceira e última, discuto o uso de dispositivos em cena.

Considerando que a construção de um repertório teatral está relacionada, antes de mais nada, ao ato de ir aos espetáculos, é desnecessário mencionar a parcialidade do entendimento, daí gerado, acerca do que constitui a cena contemporânea. A visão de teatro aqui proposta é obviamente pessoal e limitada, decorrente das oportunidades de assistir a determinadas peças em detrimento, inevitável, de outras. Se para a análise geral e a definição das diretrizes desta pesquisa parti, forçosamente, do meu repertório para a escolha das peças abordadas, optei por aquelas de outras procedências que tivessem sido apresentadas no Brasil.

A única exceção é o espetáculo *Situation Rooms*, do coletivo Rimini Protokoll, que foi incluído devido à pertinência para a discussão proposta e tendo em mente que, nos últimos dez anos, o grupo realizou diferentes projetos em São Paulo. Todavia, esse foi apenas um filtro a mais para a seleção, que busca remeter à ideia de circulação, não só dos espetáculos, mas também de suas reverberações e reflexões, e não se aplica a outros exemplos eventualmente mencionados para elucidar ou reforçar alguma passagem específica.

Vários outros trabalhos poderiam ter sido citados ou abordados em cada parte, mas nesse caso perderíamos o foco da reflexão almejada e partiríamos para algo mais próximo de uma catalogação. Pelo mesmo motivo, abstive-me de apresentar os artistas e seus percursos, salvo em algumas situações específicas, sobretudo na segunda parte, em que uma aproximação da gênese dos projetos se fez necessária para o próprio entendimento das propostas. Nesses casos, tentei chegar à justa medida que sirva à compreensão, sem, no entanto, alongar-me demasiadamente. De modo geral, busquei uma escrita que fosse condizente com as demandas do conteúdo abordado, procurando me aprofundar no entendimento da produção de conhecimento em artes como uma constante renovação de linguagem.

O meu objetivo limita-se a discutir algumas tendências da produção teatral contemporânea, considerando, primeiramente, a construção do público. Desse modo, pretendo abordar a cena em relação ao contexto em que estamos inseridos através de uma via de mão dupla, tanto do teatro que se manifesta construindo relações com a realidade social, política e cultural, quanto de sua capacidade de prever e propor modos que aguem nossa sensibilidade em relação a tais contextos. Para tanto, considero teatro o que se passa no espaço-tempo definido pelo artista para ser compartilhado com o espectador, e entendo a recepção como o que dessa experiência se expande, uma vez que, enquanto o tempo de duração de um espetáculo é finito, o de sua reverberação junto ao público é aberto e indefinido.

Começamos com *¿Qué haré yo con esta espada?*, de Angélica Liddell, e *Stifters Dinge*, de Heiner Goebbels. Em seguida, passamos para um espetáculo latino-americano, o colombiano *Testigo de las ruinas*, montagem do Mapa Teatro, que marca, de forma decisiva, a guinada do trabalho artístico do grupo, a partir da inserção das figuras de testemunho em cena. E encerramos com dois trabalhos sem a presença de atores em cena e nos quais a interação do público é imperativa para o acontecimento: os espetáculos *Situation Rooms*, do coletivo Rimini Protokoll, e *Pendente de voto*, de Roger Bernat. Sem que tenha sido um critério intencional, elegi dois espetáculos alemães, conectados inclusive pelo fato de Goebbels ser professor da Universidade de Giessen, onde os artistas Helgard Haug, Stefan Kaegi e Daniel Wetzel, do coletivo Rimini Protokoll, estudaram e se conheceram; e dois espetáculos espanhóis, com Liddell sediada em Madri e Bernat em Barcelona.

Definir o teatro da segunda década do século XXI como contemporâneo denota a falta de um termo melhor. Mas preferi, justamente, ficar com tal falta, entendendo que o teatro ao qual nos referimos é o que está sendo feito em embate com o momento de transição pelo qual acredito estarmos passando e que não sei em que vai se transformar. Chamo-o de contemporâneo indicando, desse modo, a coincidência entre seus tempos de produção e de reflexão. E deixo ao tempo e aos que virão uma definição *a posteriori*, caso isso venha a fazer algum sentido. Outra possibilidade seria usar o termo pós-moderno, mas o descartei por sua inadequação, que, todavia, é interessante ressaltar. Pois, se na cronologia histórica a expressão pós-modernidade é imprecisa, no campo estético seu uso é ainda mais problemático. Temos dificuldade de definir os contornos do momento artístico atual, muito provavelmente por não termos feito exatamente uma ruptura com o modernismo artístico do século passado. O termo "pós-moderno"

- apontado por grupos como o Judson Church, que categorizava seu trabalho como *postmodern dance* desde 1962, ou na arquitetura, que começou a fazer uso da expressão no início da década de 1960 - está longe de definir uma ruptura com o modernismo tal como as vanguardas modernistas do início do século XX haviam feito em relação ao classicismo. Pelo contrário, a ideia de pós--moderno, nesses casos, caracteriza-se mais como uma continuidade do modernismo, aproximando-se da ideia de uma nova fase do modernismo, ou do que Habermas chamou de "modernismo tardio". Ou seja, o questionamento sobre como categorizar esse período (historicidade) ou modo de criar (condição) continua em discussão. Com o avanço do século XX e a aproximação da virada do milênio, surgiram os prenúncios de vários fins: fim do mundo, fim do homem, fim da vida, fim da arte etc. A esse respeito, Octavio Paz ponderou com perspicácia: "Não digo que vivemos o fim da arte: vivemos o fim da *ideia de arte moderna*".[1] Passadas décadas, percebemos concretamente o que Paz prenunciou, e hoje temos a clareza de que o que caducou foi a promessa do mundo moderno - da ideia de progresso, avanços tecnológicos e globalização - como meio para a construção de um mundo melhor.

A evolução do homem no decorrer do século XX carrega consigo as delícias e mazelas do desenvolvimento. O que era a possibilidade de realização do sonho da perfeição técnica, anos mais tarde transformou-se nas ferramentas de controle de um sistema social marcadamente capitalista, que se comprova violento e desumano. A mudança do moderno para o contemporâneo parte da construção de nossas novas subjetividades e, entre as variáveis dessa construção, ressaltam-se as profundas alterações na relação do sujeito com o objeto. O homem contemporâneo está conectado à máquina, relaciona-se em rede, interfere em seu organismo; os objetos adquirem inteligência, substituem o ser

---

1 Octavio Paz. *Los hijos del limo*. Barcelona: Seix Barral, 1986, p. 211.

humano e ganham autonomia. Grandes mudanças, como a conexão massiva em rede através do uso de celulares inteligentes, são recentes, ocorrem de modo muito rápido e em poucos anos alteram o modo como se dão as relações. Seria possível dizer, também, que o modo das relações mudou e, para acompanhá-lo, novas tecnologias foram desenvolvidas, como, por exemplo, a conexão massiva em rede através do uso de celulares inteligentes. Há algo de muito novo ocorrendo, e refletir sobre essas mudanças exige esforço. A começar pela elaboração das boas perguntas, que possam orientar a organização das nossas incertezas. O nosso desafio consiste em trabalhar de forma transversal para podermos refletir *a partir* do presente, com todas as esquizofrenias próprias de um contexto em que o corpo está esgotado, entorpecido, posto sob a ação de mutilações biopolíticas, modulações estéticas, digitalizações bioinformáticas, ao mesmo tempo que se esforça para se compatibilizar com tecnologias inovadoras, ao construir as novas subjetividades.

Na já nem tão distante aurora do presente século, presenciamos os esboços de uma grande mudança no paradigma do controle sobre os corpos do mundo moderno. Mas, se por um lado batalhamos para dinamitar as paredes do confinamento do saber, tanto no campo da arte, quanto no da filosofia e da ciência, por outro, caímos na rede. É uma transformação histórica e, neste novo universo, passamos a viver outras vulnerabilidades e fragilidades, novas limitações e novos riscos. Diferentes mecanismos de poder estão operando entre nós para nos tornar úteis e produtivos, e cooptar nossos corpos para os emergentes meios de interação. A civilização homem-máquina já saiu das páginas da ficção científica e avança a passos largos. Circula entre nós uma geração que nasceu conectada e familiarizada com os dispositivos tecnológicos e que se relaciona através de redes sociais. Sua dispersão tem sido rotulada como negativa e controlada com ritalina e, na tentativa de torná-la mais dócil, multiplicam-se os *zumbis*. Tudo isso acontece a uma velocidade absurda, que quase não deixa brechas para reflexões e possibilidades de reorganização. Perguntar se há sentido em definir o momento artístico atual tem alguma pertinência, mas a questão maior, que urge e deve nos reter, parece ser a tentativa de entendimento dos modos de ser do homem contemporâneo e de como ele se relaciona com o outro. O teatro, que, por excelência, se ocupa das relações humanas e acontece na relação com o público, é espaço privilegiado para sentir os ecos das mudanças comportamentais da sociedade. É também lugar de pensar e agir, e por isso é fundamental o resguardarmos, e ampliarmos, cada qual a seu modo, sua produção e reflexão.

Atentamo-nos ao fato de que o ideal do homem livre parece hoje bem mais distante e abstrato do que era meio século atrás. Não só as ideias e propostas artísticas são rapidamente "sequestradas" pela indústria de estilos, *hyperizando* as iniciativas alternativas e *gentrificando* espaços marginais, como o próprio espaço do corpo passa a ser investido com moléculas e substâncias. O que nos aprisiona é cada vez mais invisível. O "corpo-sujeito" é também "corpo-objeto" e é nesse amálgama, nessa confusão, que nos encontramos. O tema complexo do contemporâneo, tratado aqui do ponto de vista da criação artística e de sua recepção, encontra-se no centro de uma vasta discussão multidisciplinar, engajada com as questões sociais, políticas e filosóficas da atualidade. Essa premissa me permite desenvolver uma abordagem que inclui conhecimentos advindos de outras áreas para dialogar com o meu objeto de pesquisa. Procuro abordar essa complexidade encorajada pelas pistas de Edgar Morin, ou seja, sem resignar-me ao saber parcelado, sem isolar o objeto de estudo de seu contexto, de seus antecedentes e de seu futuro. Com ele, concordo quanto à ideia de que a *migração de conceitos* ou a *circulação clandestina de conceitos* ajuda a *desasfixiar*, a *descongestionar as disciplinas*.[2] Assim, busco construir uma reflexão sem hesitar em trafegar por campos que não domino profundamente, mas cujos pensadores me instigam e me fornecem ferramentas para ampliar o olhar. Em cada parte deste trabalho me aproximo de filósofos, sociólogos e cientistas que, de algum modo, enriquecem nosso entendimento da atualidade. Muito do que discuto, apoiada por pensadores contemporâneos, está pautado nos desdobramentos da obra de Michel Foucault, que, ao observar os fenômenos das transformações do sujeito, a partir da segunda metade do século XX, forneceu uma importante base teórica para pensar as relações de poder no mundo moderno. A sua redefinição de "biopoder", que substitui a noção de poder justamente por abordar o leque de vetores que agem sobre os corpos e as subjetividades, é referência fundamental para a compreensão de outros importantes conceitos que servem a esta reflexão.

Ao falar de teatro contemporâneo, é prudente precisar do que estamos tratando. O teatro ao qual me refiro é o que busca inovação nas linguagens, que interroga o mundo e o homem de modo complexo, que convoca diferentes modos de participação do público, que se manifesta através de posicionamentos precisos em face do estado das coisas. Neste trabalho, não abordarei a vasta produção de textos teatrais que tem conquistado cada vez mais espaço, inclusive no mercado editorial nacional, resultando em montagens potentes e inovadoras. Tampouco tratarei das inúmeras adaptações e montagens de textos clássicos ou modernos que ganham os palcos com linguagens contemporâneas. Concentro-me aqui nos trabalhos em que a teatralidade não está centrada no texto dramatúrgico, ainda que o espetáculo de Liddell, de certo modo, me desdiga.

Importantes mapeamentos conceituais da teoria teatral contemporânea norteiam e delimitam o universo no qual está

2 Edgar Morin. *Introduction à la pensée complexe*. Paris: Le Seuil, 2005.

inserida esta pesquisa. A começar pelo conceito de teatro pós-dramático, formulado por Hans-Thies Lehmann, no último respiro do século XX. Mais do que encontrar elementos que unifiquem e determinem certo tipo de teatro, o trabalho de Lehmann nos apresenta diversas variantes de um sistema disforme e poroso, apontando caminhos para a reflexão com exemplos de artistas e espetáculos tanto europeus quanto norte-americanos. Não é de surpreender que, depois de alguns anos da publicação de seu trabalho, o autor tenha se revelado surpreso com sua repercussão, inclusive fora do eixo de suas análises. Talvez tivesse lhe passado despercebido um certo anseio geral de repensar o teatro em plena virada, não só de século, mas de milênio. Um modo de rever paradigmas que vinham balizando a reflexão sobre o teatro, ainda muito calcados na mimese e na interpretação de textos. Ou seja, a necessidade de considerar as marcas que as vanguardas do século XX haviam imprimido ao fazer teatral para se discutir a multiplicidade de propostas cênicas que se apresentavam com novas linguagens. Seu livro, *Teatro pós-dramático*,[3] ocupou muito bem esse espaço, tendo o mérito de ter propiciado uma espécie de *reboot* a uma discussão que andava fragmentada e dispersa, suscitando reações, respostas e diferentes desdobramentos da parte de seus pares em diversos países.

Vários foram os pesquisadores que aprofundaram ou expandiram reflexões apontadas por Lehmann, em referência direta a suas colocações, ampliando o exercício teórico da cena contemporânea. Assim, Marvin Carlson[4] argumenta que o fenômeno da "irrupção do real", que Lehmann considera apenas como mais uma das experimentações pós-modernas, constitui-se muito mais

---

3 Hans-Thies Lehmann. *Le Théâtre postdramatique*. Paris: L'Arche, 2002. (Edição brasileira: *Teatro pós-dramático*. São Paulo: Cosac Naify, 2007.)

4 A esse respeito, ver Marvin Carlson. Expansão do teatro moderno rumo à realidade. *Art Research Journal*, v. 3, n. 1, pp. 1-19, jan./jun. 2016.

como uma guinada na prática teatral, afastando-se da tradição de reflexão a partir da mimese aristotélica. André Eiermann[5] considera que a evolução do teatro pós-dramático requer a revisão da questão da alteridade na representação e, aproximando-se da ideia de teatro da ausência de Goebbels, da qual trataremos na primeira parte deste trabalho, propõe o conceito de "teatro pós-espetacular". Josette Féral,[6] ao investigar a noção de performatividade, amplamente difundida graças aos estudos da performance nos Estados Unidos a partir dos anos 1970, aponta para a problemática da "presença", considerando, inclusive, as diversas formas de interpretação entre o virtual e o real, além de propor o conceito de "teatro performativo". Não faltam exemplos para serem incluídos nessa efervescente discussão sobre o fazer teatral. As três referências apontadas aqui servem, de certo modo, para indicar o campo em que busco inserir este estudo.

No Brasil, Sílvia Fernandes incorpora a discussão do teatro pós--dramático no teatro nacional. Em *Teatralidades contemporâneas*, de 2010,[7] a autora apresenta uma análise aprofundada do panorama teatral contemporâneo em São Paulo e no Rio de Janeiro, convidando-nos a refletir sobre a encenação e a dramaturgia de uma cena multifacetada. Ademais, indica uma mudança fundamental de paradigma, ao salientar que "o conceito de teatralidade tem se revelado um instrumento eficaz de operação teórica do teatro contemporâneo, especialmente por levar em conta a proliferação de discursos de caráter eminentemente cênico que manejam

---

5 André Eiermann. *Postspektakuläres Theater*. Die Alterität der Aufführung und die Entgrenzung der Künste, Bielefeld: Transkript, 2009. Ou versão reduzida, em espanhol: André Eiermann. Teatro postespectacular. La alteridad de la representación y la disolución de las fronteras entre las artes. Trad. Micaela van Muylen. *Telón de Fondo*, n. 16, dez. 2012.

6 Josette Féral. Por uma poética da performatividade: o teatro performativo. *Sala Preta*, v. 8, 2008.

7 Sílvia Fernandes. *Teatralidades contemporâneas*. São Paulo: Perspectiva, 2010.

[...] múltiplos enunciadores do discurso teatral".[8] Fernandes não só explora um campo no qual o uso em cena de linguagens múltiplas parece ser o princípio unânime adotado por seus criadores, como ressalta a questão da inclusão da recepção da obra como importante constituinte do fazer teatral. Sob essa perspectiva, refletimos sobre a teatralidade não como essência teatral universal, mas como ferramenta dinâmica, capaz não apenas de oscilar entre "forma" e "conteúdo", mas sobretudo de fazer convergir em ato estético as inquietações que os artistas se propõem a compartilhar com o público.

Nomear o fazer teatral se coloca muitas vezes como um problema, especialmente quando nos referimos a trabalhos de artistas que, de algum modo, se debruçam sobre tal reflexão. Rolf Abderhalden, do Mapa Teatro, prefere falar em *gestos artísticos* ou *ações*, em vez de usar as palavras espetáculo ou projeto para as suas propostas artísticas. Há também artistas que, por razões diversas, procuram denominações distintas para seus trabalhos, às vezes incorrendo mesmo na ideia de subcategorias das formas teatrais. Roger Bernat recorre à ideia de teatro imersivo, enquanto o coletivo Rimini Protokoll explora a noção de teatro de *experts*. Impossível não considerar tais propostas, sobretudo porque refletem escolhas dos autores das obras que, sem dúvida, enriquecem nossa reflexão. Discuti-las, usá-las em determinados momentos e repeti-las são modos de nos apropriarmos de suas proposições com o objetivo principal de nos aproximarmos das imagens, pensamentos e conceitos que os artistas evocam. Mas não é minha intenção nos aprofundarmos em tais definições. À presente discussão interessa pensar o teatro hoje em termos de sua constituição, na construção da cena a partir dos processos de tradução do mundo. Muito pouco ou nada importa questionar como é finalmente chamado o momento-espaço em que há o

8 *Ibid.*, p. 113.

encontro do público com o trabalho do artista. Portanto, optei por seguir fazendo uso da palavra *espetáculo*, assim como dos termos *obra* e *peça*, sem grandes distinções entre uma coisa e outra. Todavia, insisto em ressaltar que estamos falando de teatro, reforçando o entendimento da evolução da linguagem teatral que inclui propostas que fogem dos parâmetros de representação de personagens, de encenação de textos dramáticos ou de formas de mimetismo, para citar apenas alguns dos ícones mais comuns.

O teatro comporta atualizações, experimentos e questionamentos que incluem, já faz mais de cem anos, a incerteza quanto à sua própria sobrevivência. A palavra *peça*, assim como a palavra *obra*, nos remetem de imediato à ideia do objeto apartado do sujeito, noção que os trabalhos contemporâneos buscam desconstruir com a inclusão do público na constituição de suas propostas. Mas talvez seja o entendimento de peça e obra que deva ser atualizado, tanto quanto deva ser revisto o estigma expresso pelo termo espetáculo, que vem do latim *spectaculum* (de *spectare*), digno de se ver (*spectaculum proebere*). É certo que a expressão "indústria do espetáculo" ou o conceito de "sociedade do espetáculo" reforçam sentidos negativos da palavra, mas não anulam suas outras conotações. O teatro contemporâneo tem a virtude de se construir através de buscas diversas, e o uso de palavras tradicionais para chamá-lo parece-me uma forma de resistência que reivindica justamente a sua renovação.

Ir ao teatro é *clarear a visão, esclarecer nossa compreensão do mundo*. Essa bela definição é a tradução do ator e diretor Sotigui Kouyaté para a palavra que indica a prática *mandengue*, a mais próxima, em sua cultura, do que seria ir ao teatro. É com esse vislumbre que busco as inspirações que só as práticas teatrais podem nos oferecer e que convido o leitor a considerar os apontamentos que aqui se seguem como uma dentre tantas possibilidades de leitura da cena contemporânea.

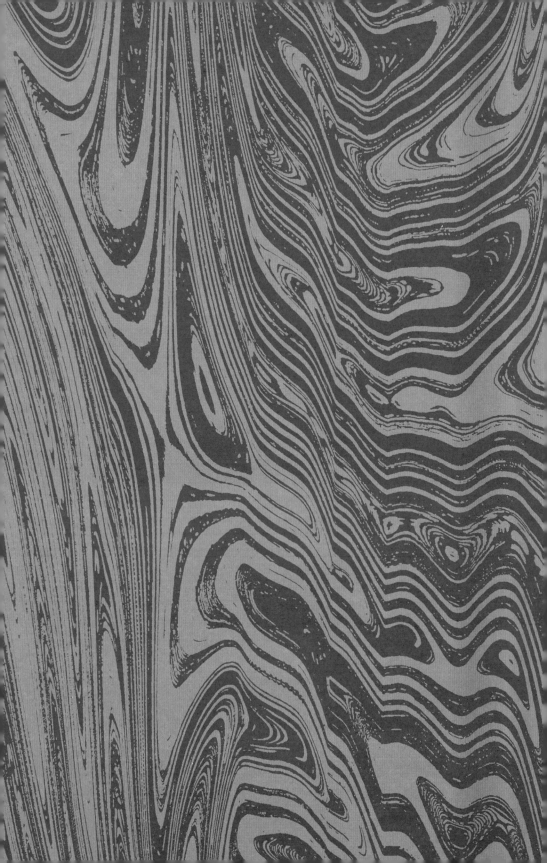

Stifters Dinge. Foto: arquivo Klaus Grünberg

Stifters Dinge. Foto: Lígia Jardim

Stifters Dinge. Foto: Lígia Jardim

Stifters Dinge. Foto: Lígia Jardim

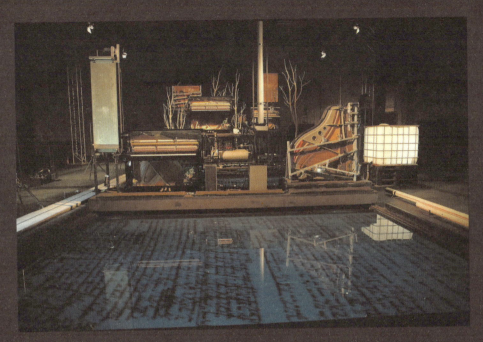
Stifters Dinge. Foto: Lígia Jardim

Stifters Dinge. Foto: arquivo Klaus Grünberg

¿Qué haré yo con esta espada?. Foto: Luca Del Pia

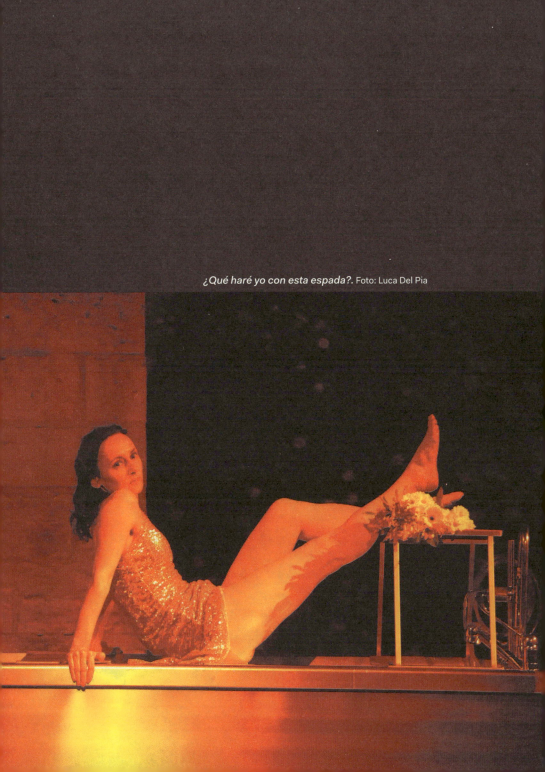

¿Qué haré yo con esta espada?. Foto: Luca Del Pia

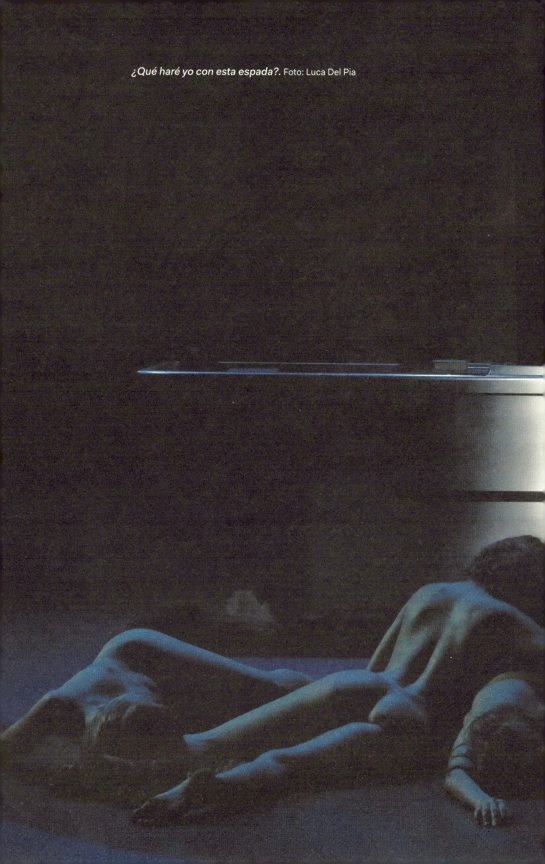

¿Qué haré yo con esta espada?. Foto: Luca Del Pia

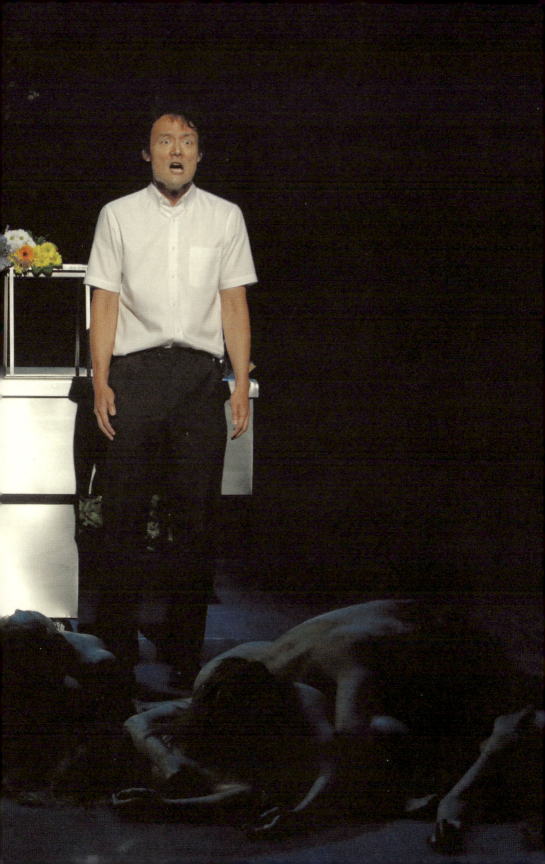

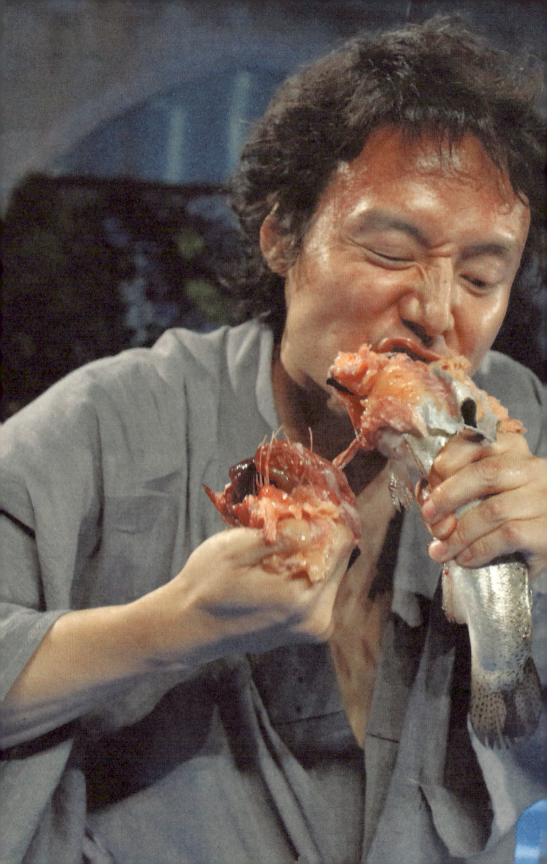

¿Qué haré yo con esta espada?. Foto: Luca Del Pia

¿Qué haré yo con esta espada?. Foto: Luca Del Pia

¿Qué haré yo con esta espada?. Foto: Luca Del Pia

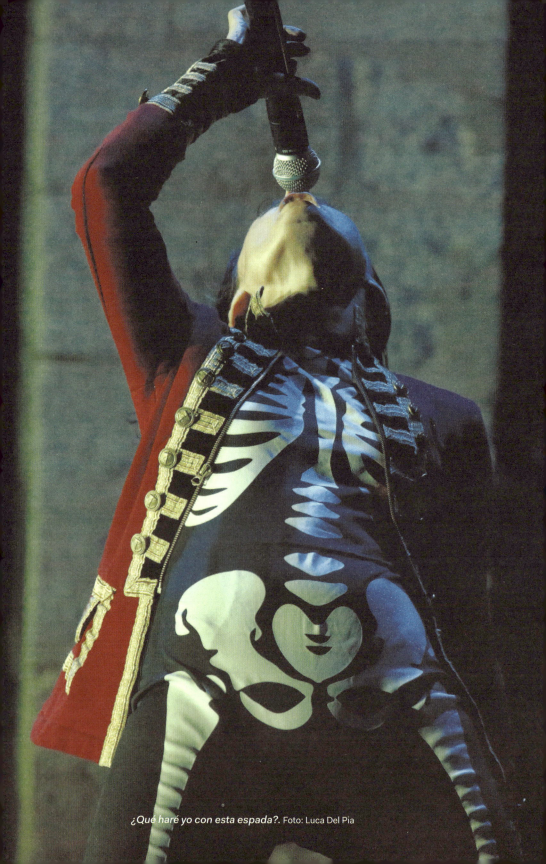

¿Qué haré yo con esta espada?. Foto: Luca Del Pia

HÉRCULES.
E agora, finalmente acontecerá o impossível.
Algo além da imaginação.
Mágica.
Mas quando se pratica mágica há coisas que não se
pode explicar.
Há fósseis remotos de anfíbios e fósseis de pássaros.
Mas não há nenhuma evidência paleontológica para
a existência de uma espécie intermediária.
Isso implica um salto quântico da imaginação.
Anfíbios queriam alçar voo, e pássaros apareceram
como o resultado desta intenção.
E o que veio entre os dois? Nada!
A ausência de um elo perdido no processo de
evolução é, em última análise, tranquilizadora. Ela dá
esperança que outro salto quântico da imaginação
logo acontecerá, aquele feito por nós mesmos.
Mesmo que não se queira!

Krzysztof Warlikowski, Piotr Gruszczynski e
Jacek Poniedziałek
(A)Pollonia, Parte Dois, Cena II

Ainda que, em 1998, paleontólogos que trabalhavam na província de Liaoning, no nordeste da China, tenham descartado as dúvidas sobre o parentesco entre aves e dinossauros e, portanto, reafirmado a relação das aves com os répteis, e não com os anfíbios, como sugerido no extrato da peça *(A)pollonia* (2009), tal salto evolutivo nos impressiona. A polêmica na comunidade científica perdurou por mais de um século, intrigando não só os especialistas, mas todos nós, curiosos sobre o desenvolvimento das espécies. Entre o dinossauro e a ave há uma lacuna que ousamos imaginar ter sido preenchida por uma enorme vontade de voar. Uma mutação poético-genética sem precedentes no repertório dos seres vivos, que alimenta nosso imaginário com sonhos mais ousados. Seríamos capazes de uma mudança estrutural radical a ponto de alterar nossa visão de mundo?

Talvez a questão se coloque por estarmos vivendo um período liminar, um *interregno*, aproximando-nos do esgotamento do mundo moderno e do sistema globalizado da economia, da política, do pensamento e da cultura. As consequências da ditadura capitalista neoliberal e da mercantilização desgovernada, não só de bens palpáveis, mas também de bens imateriais, parecem estar assustando até mesmo a elite planetária frequentadora do Fórum de Davos. Na pauta do encontro de 2017, pela primeira vez, surge a indicação da necessidade de oferecer ao "povo" os "padrões medianos de vida". Vivemos uma progressão da miséria, prevista para uns ao mesmo tempo que inesperada para outros, e, com dificuldades, já enfrentamos previsíveis situações de escassez, sobretudo de recursos naturais, cada vez mais concretas e alcançando maior amplitude.

O físico Luiz Alberto Oliveira sugere que a barreira que vai fazer mudar o curso do atual movimento é a natureza.[9] Oliveira faz

---

9 "Antropoceno, objetos invisíveis, utopia". Palestra proferida em 26 ago. 2015, Sesc Vila Mariana (ciclo de palestras *Mutações*).

parte da comunidade de cientistas que consideram que a Terra está entrando em uma nova era geológica, caracterizada pelas consequências da atividade humana, desde a Revolução Industrial do século XVIII, com significativa aceleração nos últimos cinquenta anos, que vão além das previsões de queda dos cinco séculos de domínio ocidental nos próximos 15 anos, e defendem nominá-la Antropoceno, ressaltando que

> o Antropoceno tem óbvias implicações geopolíticas – mas num sentido muito original. Pois o que se trata agora não é mais somente das vicissitudes da história de territórios e povos, de *geos* e *politeia*, mas de uma dupla conversão: a Terra se torna agente político, a Política se torna agente geológico.[10]

É no âmbito dessa renovação conceitual, em fase de aprovação pela *International Commission on Stratigraphy* (Comissão Internacional de Estratigrafia), que situamos a reflexão acerca do caráter peculiar que a geociência vem adquirindo na discussão do mundo contemporâneo.

> Muitas evidências da passagem humana pelo planeta não são visíveis aos olhos, mas são igualmente impactantes: nós até mesmo mudamos a porcentagem de elementos radiativos presentes no planeta, graças a explosões de mais de 2 mil testes de bombas atômicas.[11]

10 *Ibid.*

11 Bruno Calixto. O que é o Antropoceno, a época em que os humanos tomam controle do planeta. *Época.* Blog do Planeta. Disponível em: <http://epoca.globo.com/colunas-e-blogs/blog-do-planeta/noticia/2015/12/o-que-e-o-antropoceno-epoca--em-que-os-humanos-tomam-controle-do-planeta.html>. Acesso em: 15 abr. 2016.

Não por acaso, o grupo que defende a definição do Antropoceno, liderado pelo pesquisador britânico Jan Zalasiewicz, sugere que o novo período deva ser contado a partir do dia do primeiro teste da bomba atômica, 16 de julho de 1945.

Tanto a reflexão da elite capitalista que se reúne em Davos quanto a dos cientistas defensores do estabelecimento da nova era geológica são realidades que agregam sentidos simbólicos não desprezíveis à nossa gama de percepções do estado atual das coisas. Ambas são, evidentemente, constatações *a posteriori*, mas se as interferências do homem no planeta foram levadas em conta até o ponto de definirem uma nova era, é porque realmente causaram impacto. E se os defensores do mercado e do livre-comércio mundial começam a se preocupar com a divisão de riquezas, isso não quer dizer exatamente que pleiteiam um mundo menos desigual, mas demonstra que assumem a possibilidade de um efetivo colapso da ordem estabelecida.

Tais termômetros aquecem as discussões mundiais sobre as perspectivas para o futuro. A iminência da aproximação dos limites biofísicos que os cientistas estabelecem como marcos a partir dos quais as alterações ambientais seriam insuportáveis para o homem nos faz questionar se será possível alterarmos o curso das mudanças ou se sofreremos algum tipo de adaptação da espécie para remanescermos. Junto a essa macroquestão, a constatação da crise da democracia e do sistema capitalista do Ocidente nos leva a refletir sobre como deixamos a situação chegar a tal ponto, colocando em xeque, justamente, nossa inteligência. Nesse contexto, os espetáculos que escolhi aqui discutir indicam pistas que enriquecem nossa reflexão.

A proposição dos dois trabalhos – *¿Qué haré yo con esta espada? Aproximación a la ley y al problema de la belleza* (O que eu farei com esta espada? Aproximação à lei e ao problema da beleza), lançado em 2016 pela espanhola Angélica Liddell, e *Stifters Dinge* (As coisas de Stifters, 2007, apresentado no Brasil em 2015), do alemão Heiner Goebbels – se dá a partir da experiência do espectador com cada uma das obras e o arco de reflexão sobre o presente que se cria a partir desses encontros. Ambos os trabalhos são montagens grandiosas e propõem uma relação frontal com a plateia, como em encenações teatrais clássicas. Colocam o espectador face à eloquência de narrativas autorais construídas de modos distintos, mas que convergem na disposição física do espaço de interação público-artista. Busquei extrair dessas montagens polissêmicas elementos para uma possibilidade de leitura que nos aterra no momento atual, com Liddell nos convidando a rever o passado e Goebbels apontando questões para o futuro.

Em *¿Qué haré yo con esta espada?* somos convocados a recapitular o caminho que tomamos a partir do Iluminismo e o modo como colocamos a razão acima de nossos instintos primários, para fazermos o balanço do estado atual em que nos encontramos. Com a forte presença em cena de Liddell – autora, diretora e intérprete principal do espetáculo – gritando em alto e bom som a sua ira contra moralismos, percebemos "o mundo como sintoma e o artista como sintomatologista".[12] Já em *Stifters Dinge*, vivenciamos uma experiência diversa: entregamo-nos a diferentes camadas de sentidos que aguçam nossa percepção, em uma montagem que prescinde de atores ou texto dramático. Uma estranha e impactante combinação de sons, luzes e objetos constrói uma cena que desloca o elemento humano do espaço cênico central, incluindo textos não teatrais que funcionam como um elemento a mais entre todos os elementos autônomos que constituem o espetáculo – entrevistas, leituras de trechos de livro, falas em línguas extintas ou desconhecidas etc.

Ainda que Liddell divida o palco com outros 19 artistas, sua presença e sua voz são preponderantes e marcam o eixo central

---

12 Gilles Deleuze. *A ilha deserta e outros textos e entrevistas, 1953-1974*. São Paulo: Iluminuras, 2006, p. 172.

que conduz o espetáculo. Em três atos de aproximadamente uma hora e um quarto cada um, a autora passa grande parte do tempo sozinha em cena, defendendo seu texto, com a força e a energia que o tema requer. No decorrer da peça, observamos um montar e desmontar de imagens, compondo uma série de quadros vivos com figuras escolhidas a dedo: quatro artistas japoneses – um bailarino, dois atores e uma dançarina de butô; um coro de oito jovens loiras que nos remetem a uma imagem renascentista; um ator convidado em cada local onde se apresentam – que faz Júlio César numa aparição no início e outra no final do espetáculo; um ator encapuzado, seu parceiro na companhia Atra Bilis Teatro, Gumersindo Puche – que, no terceiro ato, faz uma única e breve entrada para urinar sobre o corpo nu da autora; e uma atriz idosa, que contracena com Júlio César na cena final, cujo encerramento conta com a participação de um coro local de quatro vozes, cantando madrigais do compositor renascentista Carlo Gesualdo.

Independentemente de Liddell estar ou não presente nas cenas, é nítida a sua orquestração do todo. Cada artista/intérprete se presta a estender seu corpo e sua voz para concretizar as imagens que ela cria. É na tridimensionalidade do palco que a autora busca a construção de sua poética, complementando e enriquecendo o texto, seu instrumento criativo inicial. A esse propósito, a autora explica:

> Sempre sou tomada por um sentimento de frustração quando escrevo meus textos. Eu vivo com este ódio da palavra que não consegue dizer toda a violência do sofrimento, mas ao mesmo tempo eu não sou capaz de fazer uma peça sem palavras.[13]

---

13 Angélica Liddell, 2016, documento eletrônico. Tradução da autora para: *J'ai toujours un sentiment de frustration quand j'écris mes textes. Je vis avec cette haine*

É na tecedura das palavras, músicas e imagens, em composições complexas que não economizam no uso de referências visuais, musicais, filosóficas e literárias, que a encenadora vai dar forma a seu pensamento. Para tanto, além de escrever e defender seu texto em cena, Liddell assume a direção do espetáculo, compreendendo também a direção artística - com a criação de cenário, figurino, objetos e indicações das luzes -, além de escolher as músicas que serão reproduzidas ou tocadas ao vivo e optar por colocar animais em cena. Claro que essa pragmática enumeração dos elementos cênicos por ela agenciados não pretende corresponder à natureza do processo criativo da artista, mas serve aqui para salientar o caráter fortemente autoral e performativo do espetáculo como um todo. Incluindo também a escolha do elenco, assim como a elaboração de cada um de seus movimentos, como podemos observar quando a diretora revela seu procedimento:

> Quando estou sozinha em cena, eu me dou toda liberdade para que o exorcismo possa acontecer. Eu deixo aberta uma parte de mim. Mas quando trabalho com outros atores, tudo é construído antes dos ensaios. Eu detesto os atores que improvisam. Meus parceiros não têm direito a nenhuma improvisação. Absolutamente nenhuma. Eu os previno no início dos ensaios, dizendo que eu sou um demônio em cena e que esse demônio vai atuar com eles conforme as regras do jogo que os transformará em quase marionetes... (risos). Da minha parte, posso improvisar, eu me dou o direito. Nos meus espetáculos, eu vou até o final dos meus limites mentais e físicos, mas dentro de uma composição exigente, calculada, estruturada ao extremo. Os primeiros

de la parole qui n'arrive pas à dire toute la violence de la souffrance, mais à la fois je ne suis pas capable de faire une pièce sans ces mots.

ensaios podem ser caóticos, mas bem rapidamente a ossatura aparece, se constrói minuciosamente e torna-se irretocável.[14]

Na alusão aos atores se transformarem em "quase marionetes" e na busca de uma forma estruturada e irretocável, reconhecemos uma das matrizes do pensamento de Gordon Craig, que almejava o controle e a perfeição dos corpos e movimentos para criar sua obra artística. Para o autor, a arte é:

> [...] a antítese absoluta do caos, e o caos é criado por um amontoamento de vários acidentes. A arte se atinge unicamente de propósito. Portanto, fica claro que para se produzir qualquer obra de arte podemos trabalhar apenas sobre aqueles materiais que somos capazes de controlar.[15]

Mas, antes de se transformarem em "quase marionetes" na montagem de Liddell, os *performers* – pois além de atores há também acrobatas, bailarinos e músicos – devem possuir qualidades

14 Angélica Liddell, 2016, documento eletrônico. Tradução da autora para: *Quand je suis seule sur scène, je me laisse toutes les libertés pour que l'exorcisme puisse exister. Je laisse ouverte une partie de moi. Mais quand je travaille avec d'autres acteurs, tout est construit avant les répétitions. Je déteste les acteurs qui improvisent. Mes partenaires n'ont droit à aucune improvisation. Absolument aucune. Je les préviens au début des répétitions en leur disant que je suis un démon sur scène et que ce démon va jouer avec eux selon des règles du jeu qui les transformeront en quasi-marionnettes... (rires). Pour ma part, il m'arrive d'improviser, je m'en donne le droit. Dans mes spectacles, je vais jusqu'au bout de mes limites mentales et physiques mais dans une composition exigeante, calculée, structurée à l'extrême. Les premières répétitions peuvent être chaotiques mais assez vite l'ossature apparaît, se construit minutieusement et devient intouchable.*

15 Edward G. Craig. O ator e a supermarionete (versão integral). *Sala Preta*, São Paulo, v. 12, n. 1, 2012, p. 102.

técnicas, artísticas ou atributos físicos que sirvam para dar corpo à montagem. A diretora, atenta a seu entorno e às possibilidades que as redes oferecem, explora diferentes meios para escolher os artistas com quem quer trabalhar. Assim, o encontro com os artistas japoneses se deu em um *workshop* que ela ministrou em Tóquio, enquanto as oito moças loiras foram selecionadas dentre 600 inscritas em um chamamento aberto via Facebook, em que se buscava um perfil específico: bailarinas/acrobatas, loiras, com idade entre 18 e 25 anos. Reconhecedora da contribuição única de cada artista, Liddell revela que se emociona quando os vê trabalhar, pelo modo como foram capazes de "respeitar e dar forma a (seus) pesadelos sem questioná-los em nenhum momento".[16]

Uma vez criado e desenhado o espetáculo, a inserção dos artistas convidados se dá em um tempo relativamente curto, pois o que a diretora constrói é uma composição a partir das habilidades de cada um. Nesse sentido, para abordar o Japão, ela agrega os artistas japoneses, cada qual escolhido por suas técnicas específicas e impressionante entrega em cena. Procedimento parecido é recorrente também em outros espetáculos, como na montagem *Todo el cielo sobre la tierra (El síndrome de Wendy)* (2013), que traz para a cena um grupo de senhores chineses que ela havia visto dançar em um baile de rua, quando de uma passagem por Xangai. Ou, ainda, um coro de três cantores ucranianos que a diretora escutou cantando em uma rua de Veneza e que fazem parte do espetáculo *You are my destiny (Lo stupro di Lucrezia)* (2014).

Observamos nesse procedimento de montagem uma prática que se aproxima da tendência à inserção de *experts* em cena. Ou, talvez, dos "sujeitos encontrados", como definido por Malzacher, por analogia aos *objets trouvés* das artes plásticas. É inevitável pensarmos em Tadeusz Kantor e na incorporação, em seus espetáculos, de

---

16 Em entrevista concedida à assessoria de imprensa do Mirada – Festival Iberoamericano de Artes Cênicas, em 2016 (não publicada).

figuras que ele encontrava no seu cotidiano. Mas a influência de Kantor, que reconhecemos tanto no trabalho de Liddell quanto no de Goebbels, vai muito além do seu processo de *ready-made*, de reapropriação de objetos e bio-objetos, que se mesclam aos corpos dos atores a ponto de borrar as fronteiras entre sujeito e objeto. Ainda que em *¿Qué haré yo con esta espada?* haja cenas dos atores fisicamente misturados com moluscos, procedimentos de repetição e figuras locais incorporadas à cena; ainda que em *Stifters Dinge* sejamos requisitados ao embate direto com a propriedade intrínseca das coisas e que a maquinaria cênica seja posta como realidade em si; ou seja, ainda que possamos elencar relações entre tantos dos procedimentos usados tanto por Liddell e Goebbels quanto por Kantor, é certamente na implicação desses e de outros procedimentos de busca por provocar e despertar nossa subjetividade sequestrada pelo racionalismo, pelo capital, pela massificação, pela destruição humana indiscriminada que os artistas mais se aproximam.

Liddell vai pinçar determinados extratos da realidade, sobretudo oriundos do universo artístico, para compor seus espetáculos. E faz também audições, mas não com o objetivo de selecionar quem ela acredita ter aptidão para criar alguma outra coisa – como, por exemplo, para construir algum tipo de personagem ou desenvolver uma determinada técnica –, mas para descobrir habilidades e talentos que sirvam à construção da estética que ela persegue. Tal como na busca por um determinado tom de azul e dourado para pintar o chão estrelado, a artista vai atrás das gradações de movimentos e sons com os quais será capaz de construir seu universo imagético.

Podemos dizer que seus intérpretes são realmente "quase marionetes", por exercerem no palco funções preestabelecidas e muito precisas, a serem seguidas à risca como indicado pela diretora. Os *performers* estão lá para mostrar determinadas habilidades ou executar ações, realizando "tarefas de palco". Tal princípio também se aproxima da concepção de Craig, tanto quanto da de outros diretores modernos, cuja ideia de teatralidade é centrada na função do diretor centralizador e organizador da polissemia cênica; ao mesmo tempo em que reitera uma teatralidade focada na performatividade dos artistas, a serviço de uma construção não dramática. Essa característica reforça a tese do pesquisador Luiz Fernando Ramos, que atribui a Craig a fundamental influência quanto às formas de atuação performativa adotadas em peças de teatro contemporâneo:

> O que é menos percebido hoje é o Craig visionário em relação a campos mais recentes, como o teatro contemporâneo e a arte da performance, que são altamente estruturados pelos chamados esforços de performatividade e trabalham basicamente fora de quadros dramáticos. Nessas novas formas de *mimesis*, ou nessas performances não dramáticas, em que os artistas não usavam máscara ou assumiam qualquer personagem, é quase um consenso que os atores/*performers* se transformaram nos atuais operadores do que era mostrado no palco.[17]

---

17 Luiz Fernando Ramos. Actors, Screens and the Scene as Operation: Gordon Craig and the Contemporary Theatre. *Revista do Programa de Pós-Graduação em Artes da UnB*, v. 12, n. 1, 2013, Brasília, p. 27. Tradução da autora para: *What is less realized today is Craig's forerunning towards more recent fields, such as contemporary theatre and performance art, which are highly structured by the so-called performativity efforts and work basically out of dramatic frames. In these new forms of mimesis, or in these nondramatic performances, whereby performers didn't wear any mask or take on any character, it is almost a consensus that the actors/performers became the actual operators of what was shown on stage.*

Todavia, vale lembrar que, se por um lado Craig almejava o controle e a perfeição dos corpos e movimentos para criar sua obra artística, para Kantor era justamente na precariedade dos corpos que residia a potência da criação. No decorrer do moderno século XX, a mudança dos paradigmas fez com que o que para um era a possibilidade da realização do sonho da perfeição técnica fosse, anos mais tarde, para o outro, as ferramentas de controle de um sistema social marcadamente capitalista, que se comprovava violento e desumano. O que Craig se esforça para criar na aurora do século XX é o que anos mais tarde Kantor vai julgar. Liddell é, sem dúvida, herdeira dessa linhagem teatral que abandona a centralidade do texto dramático em cena e faz do corpo espaço de combate de forças por onde perpassam as contradições de cada tempo. Mesmo que seja, em certo sentido, herdeiro de Craig, o trabalho de Liddell revela-se muito menos formal e marcado que o dele. Parece que, no caso dela, há um desregramento pulsional – o "exorcismo" – que suja o formalismo de Craig e a aproxima mais do trabalho de Kantor. Assim como o diretor polonês, ela vai encarar as atrocidades do seu mundo com agudez. E, obviamente, também com uma inegável influência de Artaud, ela rebate, com veemência, os falsos moralismos, golpeando a espinha dorsal do mundo da razão.

Em *¿Qué haré yo con esta espada?*, a participação de cada artista soma-se aos outros elementos de cena que expandem a voz da autora/diretora/atriz-*performer*. Nesse sentido, não seria estranho considerá-lo um grande espetáculo solo, um *one-woman show* de uma artista que conta com o apoio de 19 outros artistas para esconjurar a cena.

De modo quase oposto, ao mesmo tempo em que estruturalmente muito parecido, temos a cena de *Stifters Dinge*. Em vez de vinte *performers* no palco, vivenciamos a experiência radical de um espetáculo sem atores. A questão que Goebbels e seus companheiros de criação se colocam no início do processo de montagem da peça – "Será que a atenção dos espectadores será mantida mesmo com a suspensão de um dos pressupostos essenciais do teatro: a presença do ator?"[18] – é pertinente, sobretudo quando ele se refere às definições mais recentes em teorias da performance que ainda falam de copresença ou participação compartilhada entre *performers* e espectadores no mesmo tempo e mesmo espaço.[19] Retomaremos a questão da teatralidade sem a presença de atores em cena no terceiro capítulo deste livro, com a diferença de que iremos tratar de espetáculos cuja interatividade com o público se dá por meio de dispositivos tecnológicos. Em *Stifters Dinge*, todo o aparato tecnológico do espetáculo está no palco, enquanto o lugar de espectador é sentado em sua cadeira na plateia, assistindo ao que se passa em cena.

Goebbels busca formas criativas de integrar som e imagem, contrapondo-se à posição hierárquica do texto e da performance dos artistas em relação aos outros componentes da cena. O diretor observa que, ainda que as vanguardas teatrais dos anos 1920, e posteriormente de 1960 e 1970, tenham contribuído para desbancar a autoridade do texto nas artes performativas, o foco da percepção ainda permanece bastante centrado na expressividade dos *performers*.[20] E é, portanto, com o intuito de quebrar a lógica da hegemonia do texto e, sobretudo, da performance humana em cena, que o diretor vai desenvolver dois conceitos interligados – estética da ausência e drama da percepção – que nos interessam,

---

18 Tradução da autora para: *Will the spectator's attention endure long enough if one of the essential assumptions of theatre is neglected: the presence of an actor?*

19 Heiner Goebbels. *Aesthetics of Absence: Questioning Basic Assumptions on the Performing Arts*. Palestra proferida na Cornell University, 9 mar. 2010. Disponível em: <http://igcs.cornell.edu/files/2013/09/Goebbels-Cornell-Lecture18-1dn-qe5j.pdf>, na qual o autor se refere às reflexões de E. Fischer-Lichte, mais especificamente às feitas em *Transformative Power of Performance: A New Aesthetics*. London: Routledge, 2008.

20 Heiner Goebbels. *Aesthetics of Absence*. London: Routledge, 2015, p. 1.

não só para refletir sobre o seu próprio teatro, como para pensar aspectos mais gerais da cena contemporânea.

Mas o que vem a ser a ausência em tal contexto? Para nos situar em sua reflexão, Goebbels elenca uma série de proposições:[21]

- o desaparecimento do ator/*performer* do centro das atenções (ou mesmo desaparecimento por completo do palco);
- a divisão da presença em cena entre todos os elementos envolvidos;
- uma polifonia dos elementos, tratados como "vozes" independentes: luz, espaço, texto e sons como em uma fuga de J. S. Bach;
- a divisão da atenção do espectador para um "protagonista coletivo", com *performers* que omitam, com frequência, sua significância individual, como, por exemplo, dando as costas para o público;
- a separação das vozes dos atores de seus corpos e dos sons dos músicos de seus instrumentos;
- a dessincronização entre os atos de ouvir e ver, uma separação ou divisão entre palco visual e acústico;
- a criação de espaços entre-dois, espaços de descoberta, espaços nos quais emoção, imaginação e reflexão possam realmente se estabelecer;
- o abandono da expressividade dramática (o drama não acontece no palco, diz Heiner Müller);[22]
- um centro vazio: literalmente, figurado tanto como um palco vazio - por exemplo, a ausência de um foco visual central - como com a ausência do que chamamos de um "tema" claro ou "mensagem" de uma peça;

21 *Ibid.*, pp. 4-5, tradução da autora.

22 Heiner Müller. *Hamletmachine*, p. 40, *apud* Heiner Goebbels. *Aesthetics of Absence, op. cit.*: Heiner Goebbels parece fazer alusão à frase de *Hamletmachine*: *My drama doesn't happen anymore.*

- ausência de uma história, ou, parafraseando Gertrude Stein, "Tudo que não é uma história pode ser uma peça";[23] "Qual a necessidade de contar uma história uma vez que existem tantas e todo mundo sabe tantas e conta tantas... então por que contar mais uma?";[24]

- e por último, mas não menos importante: a ausência pode ser entendida como o ato de evitar o que esperamos, as coisas que vimos, as coisas que ouvimos, as coisas que normalmente são feitas no palco. Ou, nas palavras de Elias Canetti, que escutamos pelo ator de *Eraritjaritjaka*,[25] quando ele finalmente abre a janela do seu apartamento:

> Passar o resto da minha existência em lugares que me sejam completamente novos. Desistir dos livros. Queimar tudo o que comecei. Ir para países cujas línguas sejam impossíveis de se aprender. Desviar de cada palavra definida. Silenciar-me, silenciar-me e respirar, respirar o incompreensível. Eu não odeio as coisas que aprendi, mas odeio viver dentro delas.[26]

O entendimento da ausência no teatro de Goebbels se aproxima muito mais da ideia de deslocamento do que do conceito de nada ou de não existência. Seus preceitos indicam uma busca pelo que

23 Gertrude Stein. *Plays*, 1953, *apud* Heiner Goebbels. *Aesthetics of Absence*, op. cit.

24 *Ibid.*, p. 4.

25 Sobre *Eraritjaritjaka*, ver pp. 186 s.

26 Elias Canetti, 1978, p. 160, *apud* Heiner Goebbels. *Aesthetics of Absence, op. cit.*, p. 5. Goebbels completa com uma interessante observação, que complementa nosso relato sobre o espetáculo *Eraritjaritjaka* (p. 5): "Nesse momento o público vê o ator ao vivo, no palco, abrindo uma janela na rotunda e aos poucos - enquanto vê o câmera e o quarteto de cordas pela janela do apartamento do ator que agora está aberta - se dá conta de que talvez ele não tenha jamais deixado o palco".

Lehmann definiu como *des-hierarquização* dos procedimentos teatrais, com a parataxe se opondo à tradição de subordinação de determinados elementos constitutivos da cena.[27] Para Goebbels, reforçando a premissa de Gertrude Stein, o teatro é capaz de fazer muito mais do que contar histórias. E é nesse sentido que ele afirma que pretende oferecer um "teatro como uma *coisa em si*, não como uma representação ou meio para fazer declarações sobre a realidade".[28] O que nos volta para a própria fenomenologia do teatro, pois "o aparecer-aí da coisa é a sua teatralidade"[29] e o mostrar a coisa em si define sua estética.

Já o conceito de "drama da percepção" consiste no deslocamento do próprio drama, que passa da representação de um conflito dramático para o que acontece *no* ou *com o* público – "emergindo do que você vê e escuta, o que está sendo desencadeado por e experimentado no ato de assistir, o que você faz com o visto e o ouvido".[30] Ou, como coloca Helga Finter: "O drama é transferido aos sentidos; olho e ouvido precisam reconstruir as condições do ver e ouvir, o caminho para entendê-los".[31] Não por acaso, Goebbels afirma que o teatro poderia ser considerado um *museu para nossa percepção* – "espaços de proteção de que precisamos cada vez mais, em tempos de ataques da mídia".[32] O diretor assume o papel do artista que se engaja contra o sequestro de nossos sentidos pela indústria do espetáculo, propondo um teatro que se volte, prioritariamente, para o exercício da expansão de nossas capacidades,

27 Hans-Thies Lehmann. *Le Théâtre postdramatique.*, op. cit., p. 135.

28 Heiner Goebbels. *Aesthetics of Absence*, op. cit., p. 2.

29 Denis Guénoun. *A exibição das palavras*: uma ideia (política) do teatro. Rio de Janeiro: Teatro do Pequeno Gesto, 2003, p. 68.

30 Heiner Goebbels. *Aesthetics of Absence, op. cit.*, p. 82.

31 Helga Finter, 1985, p. 47 *apud* Heiner Goebbels. *Aesthetics of Absence*. Londres, *Absence, op. cit.*, p. 91.

32 Heiner Goebbels. *Aesthetics of Absence, op. cit.*, p. 94.

não somente de ver e ouvir, mas também de desacelerar e assimilar. Pois o acontecer do espetáculo no público requer um tempo outro, uma suspensão. Nessa operação de deslocamento do drama, deixamos de nos espelhar no ator em cena para efetuarmos um espelhamento diverso – o outro passa a ser a nossa própria percepção da coisa mostrada.

O conceito de teatro da ausência sintetiza o que se passa no palco de Goebbels, assim como o de drama da percepção revela o que ele busca provocar no público. E é nessa relação entre os elementos que performam em cena, juntamente com o efeito que se passa na plateia, que se abrem as possibilidades de múltiplas leituras, engajando os espectadores a perceberem as diferentes intensidades dos materiais apresentados. Com a retirada dos suportes de narrativas hegemônicas, no caso, texto e presença do *performer*, surge a possibilidade de o público criar suas próprias e novas conexões e relações com o que lhe é apresentado. A teatralidade se dá justamente nesse procedimento, na abertura da percepção para algo que não nos é familiar, que não está dado como sentido. Em outros termos, estamos falando de um *teatro da literalidade*, em que "o que passa a determinar o trabalho de construção da cena é o princípio de literalidade, responsável por colocar em jogo, ou em confronto, a materialidade dos elementos que constituem a realidade específica do teatro".[33] A teatralidade ocorre por via de procedimentos que "acionam um gigantesco efeito de estranhamento, posto a serviço da intensificação e da manifestação extremada da matéria teatral".[34]

Em *Stifters Dinge*, somos indubitavelmente tomados pela potência e grandiosidade da matéria que nos é apresentada: o espelho d'água que cobre o chão do palco e em seguida se evapora em pequenas bolhas de fumaça, causando um efeito fantasmagórico

33 Sílvia Fernandes. *Teatralidades contemporâneas, op. cit.*, p. 8.
34 *Ibid.*

incomum; os sons que vagueiam pelo ambiente, em ondas que acentuam a profundidade do espaço; blocos de concreto provocando sons graves; a sonoridade complexa, com música saindo de tubos ou cantos ancestrais de povos longínquos em gravação secular; a dança de cortinas esvoaçantes; a voz de uma pessoa lendo fragmentos de *My great-grandfather's portfolio* (*O caderno de meu bisavô*), do autor romântico austríaco Adalbert Stifter (1805-1868); uma imagem de floresta, do seiscentista Jacob Isaakszoon van Ruisdael; vento; jogos de luzes; máquinas, máquinas e máquinas; gravetos, galhos, árvores; florestas; cinco pianos em formas desconstruídas que tocam sozinhos composições de Goebbels e de Bach; o todo que avança e o todo que recua. Sentados em uma arquibancada montada face à instalação cênica, dentro de um ginásio,[35] nos sentimos "ilhados" no espaço, causando em nós mesmos a impressão paradoxal de que estamos tanto em um não lugar ou em lugar qualquer, como em um espaço coeso e protegido.

Goebbels explica que Stifter chama de "a coisa" tudo aquilo que em seu universo de observação lhe é estranho ou incompreensível. O título *Stifters Dinge* (*As coisas de Stifter*) se faz presente no espetáculo pela apresentação das coisas ou pelo ato de transformar tudo em "coisa" - cada elemento em si entendido como uma coisa separada. A referência direta ao autor austríaco está na leitura de trechos do caderno de seu bisavô, gravada em voz *off* e transformada também em coisa. Mas sua maior influência é marcada pelo seu modo de descrição, dilatado no tempo e com a artesania de quem esculpe imagens com sons, que vai estar presente em toda a construção do espetáculo. Assim como os demais materiais sonoros da peça, o texto torna-se objeto. Nesse processo, reconhecemos duas importantes e reivindicadas influências do diretor: tanto as referências às peças-paisagem de Stein quanto a influência concreta de Müller - com quem Goebbels colaborou

---

35 O espetáculo foi apresentado em São Paulo, no ginásio do Sesc Ipiranga.

como compositor de músicas – na busca por modos diversos de trazer a materialidade do texto para suas composições cênicas.

Na concepção cenográfica, desenvolvida pelo diretor com a colaboração do cenógrafo Klaus Grünberg, o procedimento principal parece ser o de criar espaços para que cada elemento possa concretamente emergir, construindo uma espécie de arquitetura em movimento. Na sequência das cenas, vamos percebendo o transformar dos objetos e do espaço. Como bem observa o pesquisador teatral Felisberto Sabino da Costa, "no palco, uma forma, ao se alterar, ao sair do seu estágio inerte, opera no espectador uma transformação: este percebe em si a possibilidade de um objeto conter outros".[36] É justamente nessa possibilidade de um objeto conter outros que opera o teatro da percepção de Goebbels – os desdobramentos de cada movimento que vão ressoar no espectador. O limite físico do objeto expande-se não só em cena, mas também na plateia, na imaginação de cada um de nós.

No ato de se alterar, as formas também jogam com a perspectiva, fazendo o pequeno tornar-se gigante e vice-versa. A floresta de Ruisdael projetada no fundo da cena se duplica no reflexo da água do piso. Já a floresta de galhos e pianos se move solenemente e nos devora. Naturezas mortas. Máquinas mortas-vivas, pianos desconfigurados e autômatos. Sons e vozes que soam como instrumentos que executam um grande réquiem. Vozes acusmáticas[37]

---

36 Felisberto Sabino da Costa. *A poética do ser e não ser: procedimentos dramatúrgicos do teatro de animação*. São Paulo: Edusp, 2016, p. 333.

37 A esse respeito, Goebbels (*Aesthetics of Absence: Questioning Basic Assumptions on the Performing Arts, op. cit.*) afirma: *The effect of such acousmatic voices is explained by my colleague Helga Finter: "the recorded voice suggests to the spectator the construction of presence-effects, since he perceives the spoken words as addressed to him. This can be traced to the acousmatic status of such a voice, the source of which remains invisible. The spectator will thus connect what he hears with what he sees in order then to formulate hypotheses about motivation and causality. His scopic desire stages what his invocatory desire* [invokatorisches Begehren] *is able to hear. In this way the perceptive intelligence*

que surgem e desaparecem sem qualquer alteração de visualidade explícita. Malcolm X, Claude Lévi-Strauss, indígenas da Colômbia. Movimentos que se dão entre sons e imagens, pausas que dilatam os tempos. Uma multiplicidade de coisas em uma configuração que Goebbels chama de casamento estranho – as formas artísticas funcionando juntas, mas em uma relação casta. Imagens são imagens, sons são sons e agradecemos por não nos ser imposta nenhuma síntese entre os elementos. Como em *¿Qué haré yo con esta espada?*, observamos uma aguçada concepção plástica das cenas – com objetos e/ou atores transformando-se lentamente, numa constante montagem e desmontagem de imagens, que vimos também com frequência nos trabalhos de Bob Wilson. Não apenas uma construção de paisagens, mas a inserção do homem na paisagem a ponto de fazê-lo igualar-se a elementos da natureza como pedras, plantas etc. Ou, como define Lehmann, usando uma expressão de Elinor Fuchs: um teatro *pós-antropocêntrico*.

> Sob esta denominação, podemos reunir tanto o teatro de objetos sem atores vivos, o teatro com técnica e máquinas [...] e um teatro que integra a forma humana como elemento em estruturas espaciais parecidas com paisagens. São figurações estéticas que, com utopia, apontam para uma alternativa ao ideal antropocêntrico.[38]

of the spectator's own senses actively stages the performance when the spectator weaves and reads his own audiovisualtext" (apud Helga Finter. "Der leere Raum zwischen Augen und Ohr." media in res. In: Till A. Heilmann, Anne von der Heiden, Anna Tuschling [org.]. *Medienkulturwissenschaftliche Positionen*. Bielefeld: Transcript, 2010).

38 Tradução da autora para: *Sous cette dénomination, on pourrait rassembler à la fois le théâtre des objets sans acteurs vivants, le théâtre avec technique et machines (comme "Survival Research Laboratories") et un théâtre qui intègre la forme humaine comme élément dans des structures spatiales semblables à des paysages. Ce sont des figurations esthétiques qui, avec utopie, mettent le doigt sur une alternative à l'idéal anthropocentrique* (Hans-Thies Lehmann. *Le Théâtre postdramatique.*, op. cit., p. 127).

Se com Goebbels nossa aventura se dá nesse terreno inumano, compartilhando sua busca pela quebra de hierarquias em cena até chegar ao que ele definiu como um *no-man show*,[39] com Liddell nossa experiência acontece por via de sua forte e expressiva presença. A começar pela sua *máscara-nome*, tributo a Alice Liddell, com quem Lewis Carroll manteve um relacionamento dúbio e suspeito e para quem escreveu suas famosas obras. A escolha dessa homenagem é também um ato de identificação que pontua um dos alicerces de seu trabalho artístico – a recorrente retomada da sua infância e juventude. A diretora não economiza palavras para se referir à boçalidade do seu entorno familiar e do ambiente em que cresceu. Como filha de militar, ela morou em várias cidades espanholas, sempre em zonas protegidas destinadas às famílias que serviam ao governo. Em seus espetáculos, ela faz conexões explícitas entre seu período de infância e juventude e os temas mais específicos que está abordando nas peças. No caso de *¿Qué haré yo con esta espada?*, revela-nos seu desejo juvenil pelo ato canibal do estudante japonês Issei Sagawa, em 1981:

> Meu pai rasgou a revista na qual eu lia e relia
> a história do canibal japonês
> que comeu uma menina em Paris.
> Depois de ler a fascinante notícia
> sempre sonhei com ir embora para estudar em Paris.
> Mas agora escrevo de Tóquio,
> porque vim para Tóquio chorando desde Paris,
> depois do massacre de 13 de novembro em Paris,
> para procurar o canibal japonês.
> Mas não quero que me comam em Tóquio,
> eu quero que me comam em Paris.[40]

---

39 Heiner Goebbels. *Aesthetics of Absence, op. cit.*, p. 5.

40 Trecho do espetáculo *¿Qué haré yo con esta espada?*, Angélica Liddell, 2016. Tradução de Beatriz Sayad.

Na ocasião do crime do japonês, a artista tinha 15 anos e vivia no meio da "ignorância e maldade": "Simplesmente, nós as crianças crescíamos, entre retardados mentais e analfabetos, pessoas más que só ruminavam a maneira de foder-se uns aos outros".[41] Mais adiante, no espetáculo, ela acrescenta:

> Não se pode escapar da origem,
> não se pode escapar da origem,
> a origem é um gigante de moscas negras
> que nos persegue incansavelmente a todas as horas.[42]

A obra de Liddell é um voltar-se à sua origem, e nesse movimento ela parece estar sempre na procura de resgatar uma infância que lhe foi roubada. A sua busca da beleza perdida é também a busca de um amor puro, de um amor infantil. Não raro lhe atribuem a histeria ou dizem que o palco não é lugar para tratar de seus problemas psicológicos com a mãe. Mas basta observar a complexidade de elementos que ela organiza em cena para que tal hipótese se desconstrua. Cada espetáculo seu se configura como um ato de resistência por vezes quase quixotesco, tamanhos os monstros que ela se propõe combater. Diversas vezes ela diz e rediz o mesmo, repete textos e gestos como atos de força, vai a extremos de ira a ternura sem fazer concessões ao público.

Em *¿Qué haré yo con esta espada?*, o triângulo formado pela beleza, erotismo e morte é a sua forma de canto ao absoluto, à irracionalidade. Liddell abre o primeiro ato do espetáculo de modo verborrágico. A cena acontece em uma mesa de necropsia, que está no centro do palco. É desse lugar de dissecação que ela vai construir seu discurso, apresentando-nos suas dores e inquietações sobre o eterno conflito entre matéria e espírito. É na carne

41 *Ibid.*
42 *Ibid.*

que a artista nos convida a refletir sobre a alma:

Procuro um homem com quem eu possa foder no dia
em que minha mãe morrer
Procuro um homem com quem eu possa foder no dia
em que meu pai morrer
Por mais velha que eu esteja nesse dia,
por mais repugnante que resulte meu corpo. [...]

TED BUNDY
[...] Se eu lhes falasse sobre os ciúmes que senti
olhando as fotos de todas essas jovens que Ted Bundy
assassinou.
Quanto eu gostaria de ser tão linda quanto elas.
Passar diante de Ted Bundy e que ele se fixasse em
mim,
nos meus peitos, na minha bunda, na minha boca,
E sentir que ele quer me rachar por causa da minha
beleza,
como quem deseja rachar uma virgem de Leonardo,
ou me converter em objeto,
somente em objeto,
no objeto do problema da beleza,
no mesmíssimo objeto do problema da beleza,
até arrojar um homem nos braços do crime
para desnudar o que a repressão esconde.
[...]
Se alguém fizesse tudo isso com meu cadáver,
se alguém me violasse depois de morta,
então... não teria sido uma vida jogada no lixo. [...]

Querido senhor Sagawa:

[...]

Sei que o senhor sempre desejou ver representado seu crime, sem dúvida porque considera que a representação é tão valiosa como o próprio assassinato.

Eu posso representar seu crime, e o senhor pode representar o meu.

Dessa maneira nos purificamos mutuamente.

O senhor deveria estar no centro da cena do teatro Odeon de Paris, um 13 de novembro de 2015, sobre um mar de veludo escarlate.

Tenho poderes, senhor Sagawa, tenho poderes. Se eu quisesse poderia inclusive

apagar sua feiura física e

dar-lhe a forma do homem que eu amo.

Senhor Sagawa, no princípio não se beijava, se mordia.[43]

Durante a cena, que é dividida em três partes, seguindo os três trechos dos textos aqui apresentados, a artista está usando um vestido de noite dourado, de corte reto, com alcinhas. Escutamos a Siciliana da Suíte nº 3 de *Antiche Arie e Danze*, do compositor italiano Ottorino Respighi (1879-1936), que toca ao fundo e pontua as partes distintas. Inicialmente, ela fala de sua busca pelo homem com quem vai foder no dia em que seus pais morrerem. Na segunda parte, fala de sua vontade de ser desejada pelo assassino em série Ted Bundy. E na terceira, de uma carta sua ao canibal Sagawa, que assassinou e devorou a jovem estudante holandesa Renée Hartevelt, em 1981, em Paris.

Descobrimos, quando ela começa a se referir a Ted Bundy, que, por baixo do vestido, ela está nua – ao levantá-lo, sentada e, em seguida, deitada na mesa de necropsia, ela exibe solenemente o seu

---

43 *Ibid.*

sexo, abrindo as pernas para o público. Posteriormente, no início do momento da carta a Sagawa, de pé e de costas para a plateia, ela sobe novamente o vestido, cruza as pernas esticadas em x, curva seu corpo para baixo e coloca um buquê de flores entre suas coxas, com a parte superior das flores virada para nós.

Com a melancolia da suíte orquestral ao fundo, Liddell recorre à violência e à sexualidade explícita, rompendo com ideias preconcebidas, tabus e convenções do politicamente correto, para deixar claro que o sórdido, o abjeto e o macabro habitam territórios que ela não receia invadir. Para os que já a conhecem, essa sua primeira tomada de palavra rememora os tormentos que a inquietam, e para os que a veem pela primeira vez em cena, introduz a eles seu universo. A cada vez que a artista sobe ao palco, ela reitera o seu lugar de fala e repete a sua liturgia. Somos convidados ao rito que recorre às suas angústias primordiais, que se somam a vozes como as de Sarah Kane, que compartilham o sentimento "inchado pelo espírito maligno da maioria moral".[44]

A forte presença de Liddell em cena se dá, portanto, pela conexão direta e explícita de sua vida com o seu ato estético. Assim, seu discurso e sua performatividade não se dissociam de sua origem, tampouco de sua condição de mulher.

> Não quero ser uma mulher como me ensinaram que deveria ser, nem como o resto das mulheres da minha família... O corpo se coisificou. E uma forma de rebelião é o que fazemos algumas criadoras - trabalhar com o corpo e a sexualidade como nos dá vontade. Quando uma mulher expõe sua nudez ante o público o faz redobrando toda a agressividade contra a sociedade que a reduziu a um objeto de prazer. E até

---

44 Sarah Kane, *Psicose 4.48*, p. 8. Trad. Laerte Mello. Disponível em: <https://pt.scribd.com/doc/46025569/Psicose-4-48-Sarah-Kane>. Acesso em: 10 jan. 2011.

do mais horrível, a arte cria algo de belo. É o grande mistério.[45]

O espetáculo *¿Qué haré yo con esta espada?* é a segunda montagem da *Trilogía del infinito*, que começou com *Esta breve tragedia de la carne* (Esta breve tragédia da carne), de 2015, e se encerra com *Génesis VI, 6-7* (2017). A autora considera a trilogia "como uma forma medieval, como um retábulo antigo", um tríptico que lhe permite exprimir "três estados de um mesmo conceito"[46] – sua busca pela beleza em cena. Lembra-nos que, como em *Hipérion*, a beleza não vem

> [...] sem a guerra, sem um ato violento que nos remete à origem, ao silêncio, à obscuridade, ao tempo onde somente existia Deus e onde o verbo era canto, as coisas não tinham nome, uma inversão da Gênese até chegar à escuridão, antes da criação da matéria.[47]

Sua obra mira o infinito e escava o mistério, em busca de tudo aquilo que não compreendemos. Para tanto, a autora requer que nos desentendamos, sensibilizando-nos pelo embate com estados brutos, que podem nos remeter aos instintos mais primitivos. Liddell afirma ter a impressão de que qualquer coisa de mítico, de trágico da condição humana se perdeu. E acrescenta: "Empreendemos uma guerra pela nostalgia da beleza, que finalmente, assim como sucede em *Hipérion*, de Hölderlin, só pode acabar

---

45 Entrevista de Angélica Liddell a Antonio Lucas no jornal *El Mundo*, 3 fev. 2008. *Apud* EGEA, Ana Vidal. *El teatro de Angélica Liddell (1988-2009)*, Tese de doutorado, UNED, 2010, p. 243.

46 Angélica Liddell. *¿Qué haré yo con esta espada?, op. cit.*

47 *Ibid.*

em solidão, no incompreensível do infinito".[48] Ou, para ser mais explícita, completa:

> eu trabalho com tudo o que recebo do mundo exterior. Eu me identifico com os seres que incomodam: assassinos, canibais, psicopatas... Eles são meus irmãos. Eu os conheço bem. Obviamente, reprimo meus instintos criminosos graças à poesia.[49]

É do poema "O Conde D. Henrique", em *Mensagem*, de Fernando Pessoa, que a autora toma emprestado o título da peça, indicando, de início, a que vêm suas palavras. Pessoa questiona a autonomia do homem, fazendo de D. Henrique um agente inconsciente da vontade divina, para em seguida afirmar uma guerra simbólica contra a ignorância e, finalmente, com a espada, fundar Portugal:

> Todo começo é involuntário.
> Deus é o agente.
> O herói a si assiste, vário
> E inconsciente.
>
> À espada em tuas mãos achada
> Teu olhar desce.
> "Que farei eu com esta espada?"
> Ergueste-a, e fez-se.[50]

---

48 Tradução da autora para: *Emprendemos una guerra por nostalgia de la belleza, que finalmente, y tal como sucede en el* Hiperión *de Hölderlin, no puede acabar sino en soledad, en lo incomprensible de lo infinito* (Material de apresentação do espetáculo, texto de Angélica Liddell, 2016).

49 Angélica Liddell. *¿Qué haré yo con esta espada?, op. cit.*

50 Fernando Pessoa. *Mensagem.* Lisboa: 1972.

O poder da espada no poema não tem o aspecto destrutivo, mas o de construção de uma nova terra, de um novo povo, e é nesse sentido, também construtivo, de guerra contra a barbárie, em um ato de resistência civil, que Liddell se coloca e afirma que o que lhe interessa "não é a ordem social, mas a desordem dos sentimentos. Compreender a relação entre o desejo e a dor".[51]

Os dois fatos que marcam o eixo central do espetáculo – o ato canibal do estudante japonês em maio de 1981 e os ataques terroristas na noite de 13 de novembro de 2015 – se ligam por um acaso ou destino. Pois a diretora estava em cartaz em Paris no dia dos atentados na cidade, pesquisando justamente o crime de Sagawa, com o intuito de dar forma estética a um período obscuro de sua própria vida. Imbuída, portanto, do horror do crime canibal, ela é surpreendida pelo ataque. O impacto dessa convergência sobre Liddell foi decisivo, como explicitado em sua declaração: "ambos os eventos se ligam de forma simbólica, a ponto de pensar que eu mesma tinha provocado a morte deles".[52]

Para enfrentar o sentimento de culpa que a assolou, a artista recorre ao palco – lugar onde revela deixar aflorar seus mais profundos instintos de morrer e matar. E é em cena que ela materializa a indagação de Nietzsche: como transformar a violência real em poética para nos colocar em contato com a verdadeira natureza, mediante atos contra a natureza? Na peça, canibalismo e terrorismo são abordados como confronto contra a lei do Estado e aproximação da poesia:

---

51 Catálogo do festival de outono de Paris, 2014. Disponível em: <http://www.festival-automne.com/uploads/spectacle/Liddell.pdf>.

52 Leandro Nunes. Angélica Liddell volta a São Paulo com peça sobre ataques terroristas na França. *O Estado de S. Paulo*, 17 set. 2016. Disponível em: <http://cultura.estadao.com.br/noticias/teatro-e-danca,angelica-liddell-volta-a-sao--paulo-com-peca-sobre-ataques-terroristas-na-franca,10000076511>. Acesso em: 5 jan. 2017.

> a essência da criação consiste em transgredir todas as leis que devemos respeitar na vida. A primeira lei mosaica é não matarás. A transgressão da lei é a origem da tragédia; a desobediência ao cálculo da razão é o que nos coloca em contato com a essência das emoções humanas, com nosso ser primitivo. Essa transgressão é a poesia; ela se desenvolve no espaço do sagrado. O divino é o excesso. A insatisfação é a transcendência. O horror libera.[53]

A fascinação da autora pelo horror torna-se o acesso para refletir sobre a natureza humana e sobre como transgredir a "lei da vida", considerando o racionalismo como o grande pacto da civilização, mas pontuando, ao mesmo tempo, o irracional como aquilo que nos define como seres humanos. Já no epílogo do espetáculo, uma projeção mostra um trecho do escritor e filósofo Emil Cioran, indicando que mergulharemos em uma empreitada contra o racionalismo:

> A França é o país da perfeição estreita. Não pode alçar-se às categorias supraculturais: ao sublime, ao trágico, à imensidão estética. Por isso nunca deu um Shakespeare, um Bach ou um Michelangelo. [...] As reflexões dos moralistas franceses sobre o homem são modestas se comparadas com a visão do homem de um Beethoven ou um Dostoiévski. [...] Não conhece o equivalente do drama isabelino ou do romantismo alemão. Alheia como é aos símbolos potentes da desesperança ou aos dons impetuosos da exclamação – onde encontrar uma Santa Teresa entre as mulheres de sorriso inteligente? – leva sua queda até o fim, conforme

---

53 Trecho do espetáculo *¿Qué haré yo con esta espada?*, op. cit.

o ritmo próprio de sua evolução. [...] A França se prepara para um final decente.[54]

Para Liddell, não há escape possível em um mundo que marginaliza a beleza e o espírito em favor do plano das ideias; que vem, a partir do Iluminismo, junto ao materialismo, estrangulando a alma e a necessidade de beleza que acompanham o homem desde tempos imemoráveis. A França da peça é também todo o Ocidente racionalista e, forçosamente, nos incorpora. O embate da artista é com o rumo que tomamos, nós, sociedade ocidental, que, distantes de nosso ser primitivo, deixamos de transgredir as leis que se aplicam contra a morte e o sexo.

¿Qué haré yo con esta espada? nos convida, então, a essa viagem entre Paris e Japão – da cena de grupo dançando ao som de *Kiss the Devil*, da banda californiana Eagles of Death Metal, em referência ao dia dos atentados em novembro de 2015 na casa noturna Bataclan, ao contraste da tradição japonesa, com os movimentos de butô, a alusão aos samurais e o impressionante relato do ato canibal, proferido pelo ator em pé, estático, falando quase que de um fôlego só, em tom monocórdico:

> Tudo está muito calado. Só o silêncio da morte persiste. Não tinha previsto a dificuldade que implica despir um morto. Finalmente consigo. Seu corpo é branco, quase transparente. Toco sua pele, é lisa. Completamente luminosa. Então me pergunto onde deveria morder primeiro. Me decido por uma de suas nádegas. Tiro fotografias de tudo o que acontece. Meu nariz se cobre com sua pele fria. Tento continuar mas não posso. Uma repentina dor de cabeça me distrai. Vou buscar uma faca e a cravo profundamente nela. O corte expele muita

54 *Ibid.*

gordura. É estranho como milhares de segredos sutis e grotescos vão pouco a pouco aparecendo. Atrás de um montão de camadas amarelas aparece algo de carne vermelha. Corto um pedaço e ponho na minha boca. Não apresenta nenhum odor. Se derrete na minha língua como um perfeito pedaço de peixe cru. Fatio seu corpo e levanto a carne repetidas vezes. Tiro uma fotografia de seu cadáver ofuscado só pela profundidade das feridas. Já desnudo, me deito sobre ela e penetro seu corpo ainda tíbio. Quando a abraço, emite uma espécie de suspiro. Me assusto. Beijo-a e digo que a amo. É incrível que ainda morta continue sendo tão reservada. Tem um nariz pequeno e lábios finos. Enquanto vivia eu ansiei mordê-los. Agora posso satisfazer quantas vezes quiser esse desejo. Mastigo a cartilagem até ouvir como se rompe.[55]

Ficamos quase sem respiro, imobilizados pela solenidade e pela cadência da fala japonesa. Também é do Japão que vêm todas as referências a peixes e moluscos que se encadeiam no espetáculo. Uma impactante cena de moças nuas, que em dança e acrobacias se erotizam com polvos, se esgarça ao ponto de os polvos serem destroçados e os corpos mostrarem sua exaustão. Já em outro momento, os japoneses abocanham trutas cruas, não preparadas como sushi - fatiadas e limpas -, mas inteiras, com escamas, cabeça e rabo. Outro polvo em cena, desta vez vestido por um dos atores japoneses, faz a figura de um chapéu/peruca em equilíbrio majestoso.

No decorrer do espetáculo, alternam-se cenas que beiram o limite da dureza dos textos com outras de extrema ternura e beleza. Se usamos a palavra composição para nos referirmos ao procedimento da montagem, é justamente por percebermos uma artista

55 *Ibid.*

atenta ao ritmo do todo e à precisão dos elementos com os quais trabalha. Já no caso de Goebbels, é mais evidente falarmos em composição, pois faz parte de sua trajetória artística o trânsito entre o compositor musical e o diretor teatral. Nos dois casos, nos aproximamos do que Friedrich Hölderlin explicou como sendo a *lógica poética* segundo a qual se desenvolvem *representação, sensação* e *raciocínio*, tratando das "diversas faculdades do homem, de modo que a apresentação dessas diversas faculdades forma um todo, e a conexão das partes mais autônomas das diversas faculdades pode ser denominada ritmo".[56]

Parece-nos que há, tanto na base performática de Liddell quanto na base musical de Goebbels, uma intimidade com o tempo e o pulso que lhes confere a noção de espacialidade que os espetáculos requerem. Como se o rigor do trabalho performático de Liddell sobre o seu próprio corpo ou o rigor das composições musicais de Goebbels lhes propiciasse a justeza da respiração, tanto em momentos de maré revolta como quando o mar está calmo. Em cena, Liddell articula cada elemento, cada detalhe e nuance que expande seu corpo, para dar conta do que quer compartilhar com o público. Fora de cena, Goebbels explora todas as possibilidades técnicas que sua equipe lhe propõe para compor a peça. O diretor orquestra sons, imagens, luzes e movimentos para criar um teatro de coisas que sirva para tocar a percepção do público. Ambos trabalham por justaposições, organizando fragmentos em cena, e em justas posições - ele, observando e compondo o todo de fora; ela, no meio do olho do furacão.

Ainda que Goebbels crie a partir das possibilidades técnicas que sua equipe lhe propõe, sua busca é sempre movida pela materialidade dos elementos e pelo inusitado de suas funções em cena. O cenógrafo Grünberg explora as sonoridades dos objetos para que

---

56 Friedrich Hölderlin. *Observações sobre Édipo e observações sobre Antígona*. Rio de Janeiro: Jorge Zahar, 2008, p. 81.

sejam amplificados e expandam suas funções cênicas. Assim, da estrutura metálica que sustenta o conjunto de pianos, saem sons que entram na composição do todo. Na primeira cena do espetáculo, atrás das quatro cortinas que sobem e descem, um projetor munido de um *shutter* eletrônico, instalado ao fundo da cena, tem o ruir de seu movimento de abrir e fechar amplificado, ditando o pulso de todo o restante do que se passa: as vozes dos aborígenes de Papua Nova Guiné, gravadas no dia 25 de dezembro de 1905, usando a tecnologia de cilindros de cera por um dos pioneiros de gravações documentais - o etnógrafo austríaco Rudolf Pöch -; o balé das cortinas e as sombras que provocam; o reflexo da água ondulante nas cortinas etc.

Na cena seguinte, as cortinas são enforcadas restando apenas a última, ao fundo, na qual vemos a projeção da tela *Palude*, de Ruisdael, originalmente pintada a óleo em 1660: uma paisagem de árvores retorcidas, em torno de um alagado sob um céu azul--claro com nuvens brancas. No decorrer de dez minutos, a projeção vai mudando de cor, muito lentamente. Enquanto isso, escutamos a gravação de uma voz masculina que lê um trecho de *Die Mappe meines Urgroßvaters* (O caderno do meu bisavô), de Adalbert Stifter - uma minuciosa descrição de uma avalanche de gelo, com seus sons e detalhes, que inviabiliza o plano de uma viagem à floresta invernal.

Embora a tela da projeção passe bem lentamente da cor azul para o amarelo, não é tão óbvio acompanhar os detalhes da gradação da mudança cromática ao mesmo tempo em que ouvimos a narração em *off*. Goebbels observa essa dissonância e suspeita que "diferentes modos de cognição colidem uns com os outros", como que elucidando diferentes "ritmos de ver e ouvir".[57] Assim,

---

57 Heiner Goebbels. *Aesthetics of Absence, op. cit.*, p. 29. Tradução da autora para: *It seems that different modes of cognition collide with each other here; rhythms of seeing and hearing.*

somos requisitados a processar um deslocamento dos sentidos; ou melhor, a provocar um balanço, como um pêndulo que varia de acordo com nossa tendência de atentar mais ao que vemos ou ao que ouvimos.

Quando a última tela – que serviu de suporte para a projeção da pintura de Ruisdael – sobe, nos deparamos com uma nova e impressionante paisagem: um arranjo de cinco pianos, uma engenhoca grandiosa, com galhos, madeiras e placas de metal. Uma névoa sobe até começar a chover em cena. Os pianos tocam alto e forte, assobios e estrondos se fazem ouvir. E logo percebemos que estão realmente tocando, mas sozinhos. Autômatos que se movem por sofisticados princípios de robótica. A ausência do corpo humano se intensifica justamente no lugar onde a tecnologia o substitui.

Se até aparecerem os pianos estávamos vagando de um elemento a outro, deixando-nos ser absorvidos por distintas sensações e permitindo-nos devaneios, no momento em que todo o maquinário avança lentamente em nossa direção, não há mais escape. Estamos indubitavelmente em face do que fizemos do mundo, de um mundo. Do que nós, humanos, fizemos. Pensamos imediatamente no pós-humano, na destruição e mecanização da natureza, e logo na definição da atual era como Antropoceno.

O termo, que entrou em voga faz alguns anos, aparecendo em artigos de jornais diários e em discussões de diversos círculos fora do mundo científico, ainda segue fomentando inflamadas discussões em publicações especializadas, nas quais membros da comissão do grupo de trabalho do Antropoceno e ecologistas em geral divergem sobre a definição. A questão abarca os mais expressivos setores do capital, o que sobrecarrega de nuances as discussões que envolvem diferentes interesses. Ainda que existam fortes evidências de que já estamos vivendo uma nova era, o processo de reconhecimento e marcação definitiva de tal mudança é longo e minucioso. O químico holandês Paul Crutzen, vencedor do prêmio Nobel em 1995, e o biólogo Eugene Stoermer (1934-2012) cunharam o termo, em 2000. Para eles, o marco inicial da nova era seria o advento da máquina a vapor; portanto, o início da Revolução Industrial na Inglaterra, quando passamos do uso da energia física, na época extraída da água, para a energia derivada da queima de fósseis, no caso o carvão. Inicia-se, então, o advento da energia fóssil e da queima de combustíveis, com o consequente aumento de CO_2 na atmosfera, o efeito estufa e os posteriores buracos na camada de ozônio.

Mas o estrago não se limita ao aumento da emissão de gás carbônico. Passamos a explorar petróleo e gás natural e desenvolvemos a energia atômica. Tudo isso, vale lembrar, em um espaço curtíssimo de tempo, bastante concentrado no período entreguerras e, posteriormente, na segunda metade do século XX, período chamado de *Great Acceleration*, devido à rapidez do avanço da emissão de gases. Paralelamente, a expansão da agricultura e o consequente aumento do uso de fertilizantes também passaram a contribuir com a emissão de gases. A esse propósito, vale lembrar o espetáculo *Sagração da primavera* (2014), de Romeo Castellucci, outro impactante trabalho que aporta uma reflexão sobre a ecologia. Um maquinário agrícola de aplicação de fertilizantes é instalado no palco, nas varas de cenário, e performa um balé magistral: um objeto coreográfico sem corpo, ao som de Stravinsky. As máquinas se movem automaticamente e o pó branco é pulverizado ritmicamente, seguindo a música. Estamos sentados face à cena e observamos a dança das máquinas e os desenhos que se formam no ar. O todo branco e prata impressiona. Ao final, estica-se uma finíssima tela de tule na boca de cena, onde se projeta um texto que explica que, para produzir o balé cinético a que acabamos de assistir, foram necessários 75 bois. Depois do abate, suas carcaças foram metodicamente limpas, queimadas e pulverizadas para fabricar as seis toneladas de cinzas usadas em cena, que normalmente são utilizadas como fertilizante em solos estéreis.

Termina a projeção, abre-se a cortina e entram pessoas com macacões brancos de proteção, cobertos dos pés à cabeça, para coletar as cinzas no chão. Esta última parte é acompanhada de uma trilha sonora minimalista, composta pelo colaborador de Castellucci de longa data, Scott Gibbons, que recorre a instrumentos científicos de alta tecnologia para chegar a sons atômicos bem precisos, que se parecem com sons cósmicos e advindos da conversão de feixes de luz em som. É uma cena de limpeza aterrorizadora. Impossível não pensarmos em Auschwitz e nos fornos de incineração. Cem anos depois da estreia, o diretor italiano revisita e atualiza a obra de Stravinsky, incorporando, como ele bem explica, a "ideia de industrialização da natureza que pertence à nossa época".[58] A esse propósito, o artista se posiciona: "Eu acho que um bom espetáculo pode e deve fazer os espectadores sentirem vergonha. Olhar aquilo que, de certa maneira, é proibido".[59]

É fato que hoje vivemos uma situação-limite, com recordes de aumento da temperatura global a cada ano – um *ecocídio*,[60] como dizem os ambientalistas –, mas praticamente não fazemos nada que mude, efetivamente, a situação. Não por falta de recursos financeiros ou tecnológicos – que, ironicamente, não nos faltam –, mas por falta de interesse político-comercial. A questão que vem dividindo os cientistas – a propriedade do conceito e o nome da nova era – evidencia o jogo de poder global em questão. Podemos observar três vertentes distintas, mas é certo que há muito mais nuances na complexa rede que envolve institutos de pesquisa,

---

58 Romeo Castellucci; Jean-Louis Perrier. Le Sacre du Printemps. *Theatre-contemporain.net*. Disponível em: <http://www.theatre-contemporain.net/spectacles/Le-Sacre-du-Printemps/ensavoirplus/>. Acesso em: 5 jan. 2017.

59 *Ibid.*

60 Ian Angus. Another Attack on Anthropocene Science. *Climate & Capitalism*, 14. jan. 2017. Disponível em: <http://climateandcapitalism.com/2017/01/24/another-attack-on-anthropocene-science/>. Acesso em: 25 jan. 2017.

agências, universidades, ambientalistas, organizações não governamentais, jornalistas; que são, por seu turno, financiados por diversos fundos, incluindo recursos provenientes das empresas de combustíveis fósseis.

De um lado, há um grupo majoritário, dentro da comissão responsável pelo assunto,[61] convencido de que a marca humana na biosfera é o fator que define a nova era, cujo marco definitivo de mudança converge para a escolha da data da explosão da primeira bomba atômica. Por outro lado, um grupo bem menor, liderado pelo cientista Erle Ellis,[62] discorda da própria ideia de mudança de era. Esse grupo se manifesta dizendo que uns poucos cientistas não deveriam tomar uma decisão tão importante sem o respaldo das ciências humanas, pois, em última instância, tal marco está relacionado ao comportamento do homem. O que o primeiro grupo rebate explicando que o grupo não é composto apenas de cientistas e inclui outros saberes, inclusive humanísticos, e ressalta que o assunto já é discutido há muitos anos: alterar a metodologia a esta altura seria um modo de postergar a decisão. Eles chamam a atenção para a urgência do assunto, tendo em vista a iminência da catástrofe ambiental global, e pontuam que os reais objetivos de não se definir uma nova era são de interesse puramente financeiro e comercial.

Existe, todavia, um terceiro grupo, formado por cientistas e ecologistas de origens diversas, cujo entendimento tanto da urgência quanto da causa do problema – a exploração da energia fóssil no mundo – se aproxima do entendimento do primeiro grupo. Eles divergem, porém, nas ideias sobre como lidar com a questão

---

61 Ver <https://quaternary.stratigraphy.org/workinggroups/anthropocene/>.

62 Erle C. Ellis *et al*. Dating the Anthropocene: Towards an Empirical Global History of Human Transformation of The Terrestrial Biosphere. *Elementa: Science of the Anthropocene*, 4 dez. 2013. Disponível em: <https://www.elementascience.org/articles/10.12952/journal.elementa.000018/>. Acesso em: 7 jan. 2017.

e em grande parte são críticos em relação à escolha do referencial humano para nomear a era. Esse grupo, de influência marxista, aponta com clareza o desenvolvimento do capitalismo fóssil como fato diretamente conectado com os desgastes ambientais. Em vez de se concentrar no desenvolvimento de novas tecnologias que possam, porventura, remediar os danos, como proposto por geoengenheiros do primeiro grupo, eles focam sua posição na desaceleração e em mudanças imediatas para o uso de energia limpa. São céticos quanto à ciência climática, a política e os discursos centrados na narrativa antropocênica, que reduzem a questão ao pensamento da espécie e, portanto, levam a uma autoflagelação coletiva indiferenciada. Alertam, sobretudo, para o fato de que uma catástrofe ambiental afetará, em maior escala e mais drasticamente, as populações mais pobres. Desse modo, enfatizam que convém à elite fóssil e a todo o sistema capitalista que se move em torno dos combustíveis diluir, senão mesmo apagar, qualquer referência que os responsabilize. Assim, afirmam que o termo Antropoceno lhes serve bem, pois deslocaria o problema específico de um certo comportamento humano para uma abstração que não colabora com as ações urgentes necessárias, uma vez que "o pensamento-espécie sobre a mudança climática só induz à paralisia. Se todo mundo é culpado, então ninguém o é".[63]

Para esse grupo de ecologistas, é importante entendermos claramente a história do capitalismo fóssil, que partiu de sua mais-valia inicial, o vapor, no início da Revolução Industrial e, desde então, expandiu-se exponencialmente, mas com as decisões e lucros concentrados nas mãos de poucos. O ecologista Andreas Malm (2016) revela que, nos primórdios da Revolução Industrial, malgrado a abundância, potência e gratuidade da água, os

---

63 Andreas Malm. The Anthropocene Myth. *Jacobin*, 30 mar. 2015. Disponível em: <https://www.jacobinmag.com/2015/03/anthropocene-capitalism-climate-change/>. Acesso em: 10 dez. 2016.

donos dos negócios optaram pelo motor a vapor para poderem ter maior controle da força de trabalho e por rejeitarem os sofisticados projetos de engenharia da época, que propunham poços de armazenamento de água coletivos - mas que, justamente por isso, descartavam um dos importantes fatores de competitividade. E, finalmente, optaram pelo vapor porque podia ser transportado e isso permitiria que eles mudassem suas fábricas de perto das regiões de quedas d'água para as cidades.

Ou seja, já se apontavam desde o início da exploração dos combustíveis fósseis, as bases do sistema capitalista - exploração máxima da força de trabalho, concorrência e aglomeração urbana -, sem deixar de incluir a resistência dos trabalhadores, que desde sempre perceberam a perversidade do projeto. Seria, portanto, injusto dizermos que foi o homem o causador da mudança climática, pois a conta estaria sendo rateada entre uma grande parcela da população que não só está à margem de tais decisões como, na sua maior parte, vem lutando contra tal sistema e é, em última instância, sua principal vítima. O importante, frisam os ecologistas marxistas, é definirmos claramente o problema para que ele possa ser combatido, pois a crise ambiental está diretamente ligada ao esgotamento do sistema capitalista, e as grandes potências, como era de se esperar, têm feito muito pouco para mudar tão crítico quadro.

Considera-se que, na iminência da catástrofe ambiental, há de se providenciar alguma medida mirabolante. Ecologistas concordam que, muito provavelmente, os tomadores de decisões mundiais que afetam o meio ambiente estejam absorvidos pela ideia de que, no último minuto, haverá alguma solução, e isso talvez explique o modo desastroso como vêm conduzindo a agenda ambiental, mesmo com a quebra consecutiva de recordes de temperatura nos últimos anos. O desfecho catastrófico previsto passa longe de uma explosão total do planeta. Tudo indica que os efeitos hão de surgir paulatinamente, ainda que de modo impressionantemente rápido, e, a princípio, serão distribuídos desigualmente pelo planeta. O que nos leva a imaginar, sem muito esforço, que bem provavelmente, em meio à "tempestade", haverá botes de salvação para alguns, enquanto outros se afligirão sem ajuda. Ou, em uma versão mais realista, terão seu afogamento muito bem documentado.

Oliveira usou a imagem de um muro gigante, uma barreira contra a qual vamos nos chocar num dado momento e que vai nos fazer mudar o rumo da exploração da Terra. Ele estava se referindo, evidentemente, ao limite que a natureza irá muito em breve nos impor. Sabemos, todavia, que no Brasil a questão ecológica repercute timidamente, seja nos meios de comunicação, nas artes, nas reflexões intelectuais ou na pauta política. Assim como o feminismo, a ecologia envolve questões cuja discussão se encontra bem aprofundada e expandida em vários países, mas das quais nós, cordialmente, nos apartamos. Para refletir justamente sobre essa questão, o antropólogo Eduardo Viveiros de Castro e o filósofo Bruno Latour organizaram o colóquio internacional Os Mil Nomes de Gaia, no Rio de Janeiro, em 2014, convidando pessoas de diferentes áreas para discutir o assunto. Dentre elas, o professor Alexandre Nodari, que, ao falar sobre modos de subsistência, afirma que

> o que a catástrofe ambiental em curso ameaça destruir não é só a existência na Terra, mas a própria subsistência, em suas dimensões material e imaterial: consumando-se o fim do mundo, não apenas os *mortos não estarão a salvo*, mas até mesmo aqueles que nem existiram.[64]

64 Alexandre Nodari. *Limitar o limite: modos de subsistência*. São Paulo: n-1 edições, 2016, p. 27.

As previsões alarmantes e a hipótese do fim do mundo inevitavelmente cruzam-se com as pistas que *Stifters Dinge* nos propõe. O bloco de pianos/galhos sonoros gritantes que avançam em nossa direção talvez seja a mais cruel e bela concretização estética de tal imagem. O acúmulo de sensações no espetáculo nos conduz a um estado de atenção e escuta, ou, poderíamos dizer, a um estado de alerta, que articula os elementos apresentados: vestígios humanos através das vozes gravadas, imagem da natureza mudando de cor, água, névoa e chuva, o texto narrativo e desacelerado da observação de Stifter e a monumental instalação maquínica com galhos de árvores desfolhadas. Ainda que Goebbels não nos imponha uma única e preponderante narrativa, suas escolhas apontam uma posição. Como ele bem diz, "o que começou como um experimento tornou-se, pelo aparecimento dos próprios elementos no palco, um tópico quase antropológico e ecológico, para a minha equipe, para o público e para mim".[65] E acrescenta:

> Agora, passadas mais de 150 apresentações, é justo dizer que o experimento funciona. Pessoas do público reagem com perplexidade, depois com irritação e maior atenção, elas ficam intelectual e emocionalmente animadas e, com frequência, me dizem no final, com um certo alívio: "Finalmente ninguém no palco para me dizer o que pensar".[66]

Temos de concordar que não há ninguém no palco para nos dizer o que pensar, mas nem por isso deixamos de ter a indicação do universo no qual imergimos. O que nos parece interessante é que em *Stifters Dinge* não ocorre, obviamente, a identificação do público com os atores, uma vez que não temos atores em cena, mas

65 Heiner Goebbels. *Aesthetics of Absence, op. cit.,* p. 6.
66 *Ibid.*

Goebbels ressalta que o seu teatro de ausência deve ser capaz de oferecer "uma experiência artística que não consista necessariamente em um encontro direto (com o ator), mas em uma experiência através da alteridade".[67]

O que Goebbels pretende com a retirada da figura humana do centro da cena é justamente que cada um do público tenha espaço para se colocar, para criar suas relações e montar o trabalho para si. Em outras palavras, o diretor propõe elementos para que cada sujeito possa configurar sua subjetividade-público, sem estar exatamente seguindo um roteiro impositivo. Dessa forma, busca-se um tipo de interação com a obra, atenta à nossa capacidade de percepção e, portanto, considerando-nos sujeitos sociais, históricos e biológicos. Uma forma teatral que nos parece sensível às mudanças do mundo e também da comunidade teatral, considerando o caráter de transitoriedade das nossas formas de percepção, como bem colocado por Benjamin:

> *No interior de grandes períodos históricos, a forma de percepção das coletividades humanas se transforma ao mesmo tempo que seu modo de existência.* O modo pelo qual se organiza a percepção humana, o meio em que ela se dá, não é apenas condicionado naturalmente, mas também historicamente.[68]

Partir da experiência em *Stifters Dinge* para pensarmos na definição da era significa partir de uma proposta na qual se elimina o referencial humano como figura central justamente para que haja espaço para a construção das outras subjetividades inseridas no espaço-tempo espetáculo. Parece-nos antagonicamente oposta

---

67 *Ibid.*

68 Walter Benjamin. A obra de arte na era de sua reprodutibilidade técnica, art. cit., p. 169, trecho em itálico no original.

a essa perspectiva a ideia de nomear a era com o referencial humano. Concordamos, nesse caso, com a conclusão de Malm, de que se "todo mundo é culpado, ninguém o é". Mas pensamos, sobretudo, pela via da dessubjetivação, do esvaziamento de sentido, que serve mais para nos desterritorializar, nos universalizar e, por que não?, nos eternizar.

Tal procedimento não deixa de ser uma tacada de mestre do capitalismo fóssil desenfreado: depois de passar por várias tentativas de se repaginar, depois de mostrar suas múltiplas facetas e parecer chegar a seu esgotamento, dando indícios grotescos de saturação, coroa-se o processo, considerando o período a partir do seu nascimento, marcado geologicamente com seus danos irreparáveis, como a era do homem. Aproxima-se o capitalismo do homem como se indissociáveis fossem. Legitima-se uma corrente de pensamento, uma apropriação da Terra, uma construção de valores; enfim, todo um modo de vida que se desenvolveu nos últimos 200 anos, como o único modo de ser do homem. Desconsiderando, de forma vergonhosa, uma gigantesca parcela da população mundial que não compartilha da vida urbana, burguesa, capitalista, produtora de lixo. Preocupam-se demais em definir uma data precisa para enfim lançarem a nova era e os holofotes da mídia, ao menos por míseros tempos, se voltarem para o assunto. A que serve, finalmente, decidir se o início é 150 anos mais tarde ou mais cedo, se compararmos essa datação à duração do Holoceno, com mais de 11 mil anos? E por que o apreço por determinados números em detrimento de outros? De nada vale saber que os 19 milhões de habitantes do estado de Nova York consomem mais energia que os 900 milhões de habitantes da África subsaariana,[69] que o aumento de emissão de gás carbônico na China está

---

69 Cf. Andreas Malm. The Anthropocene Myth, art. cit. Disponível em: <https://www.jacobinmag.com/2015/03/anthropocene-capitalism-climate-change/>. Acesso em: 20 out. 2017.

diretamente ligado à sua função de produtora de mercadorias consumidas por todo o planeta, que um brasileiro médio emite oito vezes menos gás carbônico que um americano e três vezes menos que um europeu ou chinês?[70] Os números têm valores distintos nas ciências, pois, ainda que uma esmagadora maioria de pessoas espalhadas pelo mundo viva em regime de subsistência, é à minoria, que detém mais quantidade de moeda, que se atribui entendimento de mundo.

"Somos os Involuntários da Pátria. Porque *outra* é a nossa vontade", como muito bem diz Viveiros de Castro.[71] No não tão óbvio entendimento da existência de outros mundos prospecta-se um campo de trabalhos teatrais que vêm ganhando fôlego nos últimos anos, no qual localizamos *Stifters Dinge* e tantos espetáculos que não economizam na busca de meios para provocar novas experiências de percepção para o público. Por exemplo, o espetáculo *The Encounter* (2015), do ator britânico Simon McBurney, do teatro Complicité (Inglaterra), baseado no livro *Amazon Beaming*, de Petru Popescu. O livro narra a história do encontro do antropólogo estadunidense Loren McIntyre com o povo Mayoruna, na Floresta Amazônica, em 1971. Depois de perder sua máquina fotográfica e demais equipamentos, McIntyre conecta-se de tal forma com os índios que não consegue mais partir. Tal experiência marca uma tomada de consciência de um modo de vida completamente diferente do seu e o faz entender algo a mais do mundo, que vai mudar para sempre a sua vida. McBurney se pergunta de como evocar em cena essa experiência tão complexa e, ao mesmo tempo, tão reveladora a ele mesmo. Passados vinte

---

70 Ministério de Minas e Energia, EPE, Balanço energético 2014. Disponível em: <http://www.epe.gov.br/Estudos/Documents/BEN%202014%20Rel%20 S%C3%ADntese%20ab%202013a.pdf>. Acesso em: 20 jan. 2017.

71 Eduardo Viveiros de Castro. *Os involuntários da pátria*. São Paulo: n-1 edições, 2016, p. 22.

anos desde que havia tido o primeiro contato com a história, ele inicia a montagem – um processo que durou cinco anos e incluiu uma viagem para conhecer os Mayoruna. O resultado que chega até nós é bastante comovente – o ator, sozinho em cena, começa dizendo o que vai contar e logo nos pede para colocarmos fones de ouvido que estão instalados nos nossos assentos. A partir daí, tanto a voz de McBurney quanto uma infinidade de sons chegam até nós através de uma impressionante tecnologia de dimensionamento no espaço. Além do ator, que tem uma mesa de mixagem de som e seus diferentes microfones em cena, outros três técnicos trabalham na edição de *voice over* ao vivo, sons gravados, mixagens ao vivo, além da inserção de efeitos na voz do ator. Experimentamos fortes sensações sonoras e temos a impressão de estarmos cercados por pessoas ou bichos, ou de nos encontrar no meio de uma floresta. No decorrer do espetáculo, McBurney nos conta a história cruzada do seu percurso e do de Loren McIntyre, fazendo às vezes o personagem antropólogo e jogando com uma alternância física e vocal impressionante, povoada por todas as vozes e sons que cruzam o campo sonoro no qual estamos imersos. Outras vezes coloca-se como o ator em busca da apreensão de uma realidade que lhe escapa. E na operação técnica dos equipamentos, junto com o cruzamento das histórias, vai se criando uma tensão que acaba por ocupar todo o espaço e nos inclui. Esse modo genuíno que o artista encontrou para dar uma dimensão concreta à tomada de consciência – primeiramente a do antropólogo e, em seguida, a sua – propicia-nos, tanto na forma quanto no conteúdo, uma experiência marcante e insólita, não só pela história que se conta, mas sobretudo pelo modo como o faz. O fato de estarmos cada um com seu fone de ouvido e preenchidos por uma sonoridade completamente diferente da que estamos habituados nos submerge numa experiência perceptiva incomum.

Tanto no caso de *The Encounter* quanto no de *Stifters Dinge*, percebemos uma simultaneidade de múltiplas experiências que a filósofa Suely Rolnik define como resultante de duas distintas capacidades de apreensão do mundo.[72] A primeira capacidade seria a experiência imediata, nosso entendimento do mundo em sua concretude. É também o modo como atribuímos sentido ao que vemos, sentimos ou tocamos – a experiência do chamado "sujeito". Mas se essa capacidade é fundamental para nos comunicarmos e socializarmos, ela não se dá sozinha e vem acompanhada de vários outros modos de apreensão do mundo, constituindo a experiência complexa da subjetividade. A outra capacidade é a experiência que a subjetividade faz do seu entorno, que Rolnik designa como "fora-do-sujeito" ou "extrapessoal" – a experiência das forças sobre o mundo enquanto corpo vivo, que produzem efeitos em nosso corpo.

Tais efeitos, continua Rolnik, são outro modo de ver e sentir o que acontece em cada momento, referindo-se a Gilles Deleuze e Félix Guattari, que os nomearam respectivamente como:

> "percepto" (diferente de percepção, pois é irrepresentável) e "afecto" (diferente de afeto ou sentimento, que são emoções psicológicas, pois, aqui, trata-se de uma emoção vital que tem a ver com afectar, no sentido de tocar, contaminar, perturbar).[73]

Somos "parte viva do corpo do universo" – o mundo vive em nosso corpo sob o modo de *afectos* e *perceptos*, colocando-nos em constante processo de recriação de nós mesmos e de nosso entorno. Refletindo sob essa perspectiva filosófica, observamos que os espetáculos que se aprofundam na busca por diferentes e sofisticados modos de despertar nossos sentidos estão fortemente conectados à construção de nossas subjetividades. Fica assim ainda

---

72 Suely Rolnik. *A hora da micropolítica*. São Paulo: n-1 edições, 2016, p. 9.
73 *Ibid.*, pp. 10-1.

mais evidente a potência da estética da ausência de Goebbels; pois, ao mesmo tempo em que desloca os referenciais hegemônicos do teatro, ele nos propõe estímulos que nos convocam a *apreender seu mundo*. Nessa operação, um tanto quanto livre, pois isenta de uma narrativa linear e desprovida do referencial humano, somos sensibilizados tanto pela experiência enquanto sujeitos, em embate direto com a concretude que nos é apresentada, como pelas apreensões possíveis da complexidade de elementos estranhos que compõem a obra.

Nossos modos de nos relacionarmos conosco e de constituirmos o mundo funcionam por reverberação, sendo ao mesmo tempo causa e efeito dos acontecimentos sociais e históricos; e vão, por consequência, se alterando no decorrer do tempo, como bem sinalizou Benjamin. Rolnik alerta-nos para o fato de que a experiência do sujeito e a experiência que a subjetividade faz do seu entorno são indissociáveis, ao mesmo tempo que irredutíveis uma à outra; ou seja, trata-se de uma relação paradoxal, que gera tensão e desestabilização para a subjetividade. Essa condição tensa e instável é "uma experiência primordial, pois é o sinal de alarme que nos indica que a vida nos levou a um estado desconhecido, o qual impõe ao desejo uma exigência de agir para recobrar um equilíbrio vital, existencial e emocional".[74] Conclui, então, que uma mudança fundamental que ocorre de uma época a outra é a mudança da "política do desejo predominante, o modo de resposta do desejo à experiência da desestabilização e ao mal-estar que ela provoca".[75]

A filósofa faz seguir sua reflexão aprofundando-se nas diferentes políticas do desejo "face ao desconforto provocado por esse incontornável paradoxo [experiência do sujeito *X* experiência que a

---

74 *Ibid.*, p. 12.
75 *Ibid.*

subjetividade faz do seu entorno] que nos constitui".[76] É daí que introduz a ideia de micropolítica ativa e reativa. A primeira seria a capacidade de a subjetividade poder criar, ao se sustentar no mal-estar provocado na tensão entre ambas as capacidades descritas, que vai, por efeito, ter um poder de contaminação no seu entorno, visto que funciona como um transmissor da pulsação da experiência que lhe deu origem. Ou seja, o que "a micropolítica ativa visa é, pois, a conservação da potência do vivo, que se realiza num incessante processo de construção da realidade".[77] Já a micropolítica reativa está ligada à desativação da potência que o corpo tem para decifrar o mundo. Dá-se um tipo de cisão que faz com que o mundo pareça estar fora da subjetividade.

> Constitui-se assim uma subjetividade "antropo-falo-ego-logocêntrica" [...] cujo horizonte começa e termina no próprio sujeito: um si-mesmo concebido e vivido como indivíduo – um contorno cristalizado formando uma suposta unidade separada das demais supostas unidades que constituem um mundo, este igualmente concebido como uma suposta totalidade.[78]

Ou seja, essa micropolítica reativa vive a tensão entre as duas capacidades – a da experiência imediata e a da experiência do entorno, do fora do sujeito – como uma ameaça à sua própria constituição e unidade.

> E como o sujeito se estrutura na cartografia cultural que lhe dá sua forma e nela se espelha como se fosse o único mundo possível, a subjetividade reduzida ao

76 *Ibid.*, p. 13.
77 *Ibid.*, p. 16.
78 *Ibid.*

> sujeito e que com ele se confunde interpreta o desmo-
> ronamento de "um" mundo como um sinal do fim "do"
> mundo e dela mesma.[79]

Eis aqui o ponto para o qual convergem os dois espetáculos de que estamos tratando, criando a imagem do *arco que nos conecta ao passado ao mesmo tempo que nos remete ao futuro*. Como vimos, a questão da ausência em Goebbels não se reduz a tirar o ator de cena. Pelo contrário, ela se amplifica a partir desse desloca-mento do lugar central da figura do ator, apagando sua virtuosi-dade e a narrativa textual que normalmente lhe é atribuída. Ou seja, abre-se espaço para os elementos não hegemônicos, criando arranjos e composições também menos óbvias e, portanto, es-tranhas. Passa-se a requerer do público a propriedade de ampli-ficar o ver e o ouvir e de reorganizar sua percepção do que lhe é apresentado para poder estabelecer uma relação. Nesse encontro com o desconhecido, Goebbels explica que almeja a alteridade, ou seja, solicita "aceitarmos que a experiência estética é experimen-tar o desconhecido, o outro – uma experiência que abre nossos olhos, estimula nossa imaginação, uma experiência que não po-demos expressar em palavras".[80] Ora, ele espera justamente que o público se reconstrua junto com o que não lhe é reconhecível – realizando uma operação micropolítica ativa, para usarmos a definição de Rolnik. Portanto, ao nos depararmos com a grande instalação maquínica de *Stifters Dinge*, no espaço-tempo teatro, temos a possibilidade de exercitar essa mais cara propriedade de conexão com o desconhecido. Uma experiência futurística, um voo, algo de transumano? Talvez, mas pouco importa aqui se o sujeito fagocita o objeto ou vice-versa. Serve, e muito, para nós a potente capacidade de ativação de nossa subjetividade, de

79 *Ibid.*, p. 17.

80 Heiner Goebbels. *Aesthetics of Absence, op. cit.*, p. 79.

provocação do nosso desejo, para que nos concedamos a possibilidade de imaginar "um" outro mundo.

Em sua obra, Liddell apoia-se em Nietzsche para criticar os valores do racionalismo iluminista, pois é contra a relativização de valores como o Bem, o Mal, Deus, Virtude e Justiça, que a ciência e o progresso técnico do mundo moderno exaltam, que ela vai se debater. Sua relação com o público

> é uma relação de sensualidade enquanto desafio da sensibilidade, desafio com respeito ao sofrimento humano ou às alegrias humanas. [...] É uma vontade declarada de fazê-lo participar como um monstro. [...] Chegamos a um teatro de obrigação, sem vida, sem processo. Deixamos de entender o teatro como algo que pertence ao humanismo, à política, à arte, ao tempo.[81]

De *A origem da tragédia*, de Nietzsche, ela extrai a última citação da peça: "a alma humana deveria cantar e não falar" e, em seguida, escutamos um dos madrigais de Carlo Gesualdo, *Moro, lasso, al mio duolo*. Tal fechamento é também a pista para a terceira obra da trilogia – canto e imagens, uma encenação a partir das músicas do extraordinário compositor italiano do final do Renascimento, também brutal assassino de sua primeira esposa

---

81 Angélica Liddell *apud* Óscar Cornago Bernal (org.). Conversaciones con Angélica Liddell. In: Óscar Cornago Bernal (org.). *Políticas de la palabra: Esteve Graset, Carlos Marquerie, Sara Molina, Angélica Liddell*. Madrid: Fundamentos, 2005, pp. 317-29. Tradução da autora para: *es una relación de sensualidad en cuanto desafío de la sensibilidad, desafío con respecto al sufrimiento humano o a las alegrías humanas. [...] Es una voluntad declarada de hacerle participar como un monstruo. [...] Hemos llegado a un teatro de encargo, sin vida, sin proceso. Se ha dejado de entender el teatro como algo perteneciente al humanismo, a la política, al arte, al tiempo.*

e seu amante. O título da última obra da trilogia inclui a questão do arrependimento divino, expresso no livro de Gênesis, capítulo 6, versículos 6 e 7:

> Então arrependeu-se o Senhor de haver feito o homem sobre a terra e pesou-lhe em seu coração. E disse o Senhor: Destruirei o homem que criei de sobre a face da terra, desde o homem até ao animal, até ao réptil, e até à ave dos céus; porque me arrependo de os haver feito.[82]

A autora questiona o que fizemos de nós, mas não sem a consciência de que a miséria humana é matéria bruta de grande valor para a criação artística. Ao mesmo tempo em que ocupa grandes salas de teatro, ela ironiza seu lugar de poder – branca, europeia, letrada e artista contemporânea reconhecida (ainda que a duras penas e, inicialmente, apenas fora de seu país). Ela consagra parte do terceiro ato à improvisação de seu texto, conectando-se aos acontecimentos cotidianos ou a impulsos que movem seu desejo. Diferentemente dos dois primeiros atos, em que usava vestidos longos, na terceira vez que volta à cena ela vem vestida com um macacão preto com o corpo de uma caveira branca serigrafada em tamanho natural. Nos textos improvisados, ela exacerba sua veia bufa, escrachada, irônica e raivosa. A atriz mostra sua potência no palco, seduz o público com sua autoironia e, amparada pelas palavras do filósofo que talvez mais a inspire – "A visão do homem agora cansa – o que é hoje o niilismo, se não isto?... Estamos *cansados* do homem..."[83] –, ela se desdobra em filósofa cênica.

82 Gn 6:6,7.
83 Friedrich Nietzsche. *Genealogia da moral: uma polêmica*. São Paulo: Companhia das Letras, 2001, p. 35.

Em seu percurso no espetáculo, nas quase cinco horas de duração da peça (incluindo o tempo dos intervalos), Liddell vai catando seus fragmentos estilhaçados. Mas como sua rebeldia não lhe permite ver-se reconstituída, a cada momento que acreditamos percebê-la como um todo, quando quase temos uma trégua e captamos uma totalidade, ela mostra sua astúcia e nos dá uma rasteira. Explode tudo de novo e se regozija. A questão do espectador com Liddell é que ela não facilita nossa vida. Ela pode nos oferecer momentos de extrema beleza e delicadeza, e o faz. Entretanto, reiterando para que lhe serve e o que é para ela o teatro: "Romper a hipocrisia do pacto social, o teatro é antissocial, rompe o pacto, é uma insurreição, um motim, uma barricada".[84] Liddell coloca em cena os instintos, condenando o ser moral e fraco que segue uma vida ética e consciente. E assisti-la é compartilhar de sua grande aventura. Não à toa, quando ela sente que o espetáculo realmente aconteceu e chegou ao público, convida todos a subirem ao palco e dançarem juntos, logo após o agradecimento.

Nossa experiência do tempo presente se enriquece com o olhar de Liddell e de Goebbels. Somos convidados a refletir sobre o estado atual das coisas por via de propostas que buscam concatenar forma e conteúdo de modos ímpares, propondo um teatro que é, podemos dizer sem diminuir seu valor, imbuído de personalidade. Ou seja, deixamos de lado certa tendência do teatro contemporâneo que se foca na criação coletiva e no agenciamento de pluralidades em prol de uma cena fortemente autoral. E, de modo aparentemente paradoxal, localizamos esses espetáculos entre os que Fuchs considera que, com utopia, apontam para uma alternativa ao ideal antropocêntrico. Atribuímos, portanto,

---

84 Tradução da autora para: *Romper la hipocresía del pacto social, el teatro es antisocial, rompe el pacto, es una insurrección, un motín, una barricada.* In: Susanne Hartwig; Klaus Pörtl. *La voz de los dramaturgos: el teatro español y latinoamericano actual.* Tübingen: Max Niemeyer, 2008, p. 18.

à sua *lógica poética* a capacidade de convocarem nossas subjetividades a tomarem a cena. Liddell, com sua espada-palavra, e Goebbels, com sua coisa-ausência, nos ajudam a emergir de um estado letárgico que tempos sombrios insistem em nos impor. Ativam nossos desejos, enriquecem nossa imaginação. Quiçá aguçam nossa esperança.

> O amor espera, porque imagina e imagina, porque espera. Espera o quê? Ser realizado? Não exatamente, porque é próprio da esperança e da imaginação ligar-se ao irrealizável. Não porque não desejem obter o próprio objeto, mas porque, enquanto imaginado e esperado, seu desejo já foi sempre realizado. Que, nas palavras do apóstolo, "na esperança nós fomos salvos" (*Rm.* 8,24), é, por esse motivo, ao mesmo tempo verdade e não verdade. Se o objeto da esperança é o irrealizável, é somente enquanto irrecuperáveis – já salvos – que esperamos a salvação. Assim como supera a sua realização, a esperança ultrapassa também a salvação – também o amor.[85]

---

85 Giorgio Agamben. *L'avventura*. Roma: Nottetempo, 2015, p. 73. Tradução da autora para: *L'amore spera, perché immagina e immagina, perché spera. Spera che cosa? Di essere esaudito? Non veramente, perché proprio della speranza e dell'immaginazione è di legarsi a un inesaudibile. Non perché esse non desiderino ottenere il proprio oggetto, ma perché, in quanto immaginato e sperato, il loro desiderio è stato già sempre esaudito. Che, secondo le parole dell'apostolo, "nella speranza noi siamo stati salvati" (Rom. 8,24), è, per questo, insieme vero e non vero. Se oggetto della speranza è l'inesaudibile, è solo in quanto insalvabili – già salvi – che abbiamo sperato nella salvezza. Così come supera il suo esaudimento, la speranza oltrepassa anche la salvezza – anche l'amore.*

COMPARTILHA-MENTO DE EXPERIÊNCIA

Testigo de las ruinas. Foto: Rolf Abderhalden

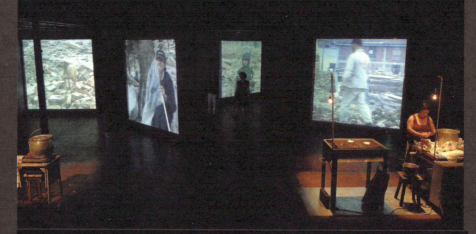

Testigo de las ruinas. Foto: Rolf Abderhalden

Testigo de las ruinas. Foto: Rolando Vargas

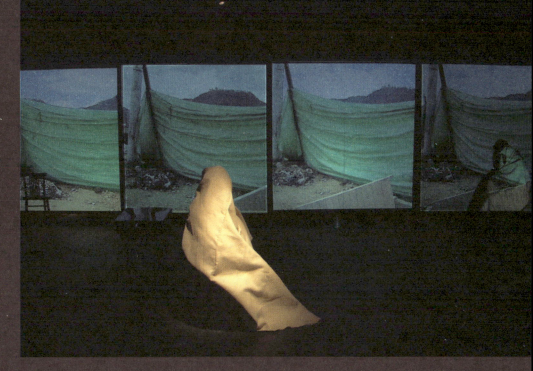
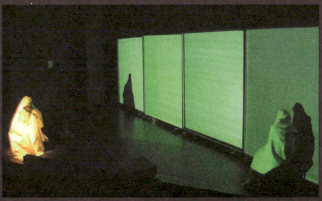

Testigo de las ruinas. Fotos: Rolando Vargas

Testigo de las ruinas. Foto: Rolando Vargas

Testigo de las ruinas. Foto: Rolando Vargas

Prometeo Ato I. Foto: Fernando Cruz

Prometeo Ato I. Foto: Fernando Cruz

Recorridos. Fotos: Mauricio Esguerra

La limpieza de los establos de Augías. Foto: Rolando Vargas

La limpieza de los establos de Augías. Fotos: Rolando Vargas

> A realidade não é um dado: ela tem que ser continua-
> mente procurada, agarrada – ouso dizer, salva.
>
> John Berger, *The Production of the World*

Não há vida possível que não seja por desejo do outro, do espaço com os outros, do que, em nós, o outro seduz. Seja na esfera pública ou privada, tal assertiva indica uma pista que nos leva a um vasto terreno de criações artísticas para o qual convergem experiências de áreas distintas, no embate com questões conflituosas da sociedade, centradas na alteridade. Através de instalações visuais, vídeo, performances, teatro, dança, cinema, além de literatura e música, incluindo práticas multidisciplinares em projetos híbridos, não nos faltam exemplos de trabalhos artísticos que apontam suas inquietudes em relação ao movimento de construção do espaço comum e que, de modos distintos, criam brechas e escapes, ou renovam significados no sistema em que vivemos. No cotidiano, os interesses do macrossistema neoliberal – com sua tendência à privatização do bem público, por um lado, e a crescente onda dogmática, provável consequência da inalcançável promessa de um *mundo melhor para todos*, por outro – insistem em se impor, suprimindo de modo simbólico e por vezes mesmo literal a existência do outro. Paralela e intrinsecamente ligados a esses interesses estão os conflitos civis, os êxodos por diferentes motivos, as barbáries e constantes ameaças às mais simples expressões de liberdade que o Estado não consegue garantir.

Desta zona de desconforto surgem trabalhos de artistas que, para darem conta do presente, deixam os afetos das forças do mundo agirem no seu corpo.[86] Colocam-se em situações em que possam se relacionar com determinadas realidades do modo que lhes pareça o mais genuíno, procurando abrir espaços antes impensáveis, vetores potentes do desejo de um outro mundo, apontando realidades com as quais ou nas quais a convivência parece insuportável. Não por acaso, uma considerável vertente da arte contemporânea inclinou-se para o documental, incorporando de forma decisiva o real em seus trabalhos. Tal tendência mostra nuances diversas, elabora-se a partir de realidades distintas, considerando as especificidades dos diferentes contextos.

Não faltam à cena contemporânea propostas nas quais o real, tanto o do âmbito privado quanto público, se imponha. E nesse espectro, que se desdobra e inclui múltiplas experiências, localizamos o trabalho que vamos abordar aqui: *Testigo de las ruinas* (Testemunho das ruínas), obra de 2005, apresentada no Brasil em 2011, do Mapa Teatro, de Bogotá. O espetáculo relata um processo de renovação urbana de um antigo bairro central da capital colombiana, com o consequente desalojamento dos habitantes e a demolição de suas casas.

Podemos traçar similitudes entre trabalhos teatrais do mundo ocidental que incluem o real em cena, contando inclusive, para essa reflexão, com a terminologia "teatros do real", cunhada pela psicanalista francesa Maryvonne Saison[87] e posteriormente desenvolvida e discutida por vários teóricos teatrais contemporâneos, como Sílvia Fernandes, no Brasil. De modo geral, mas com características próprias a cada artista, o real "parece testemunhar

---

86 Sobre as práticas artísticas que se criam a partir da experiência do presente no próprio corpo do artista, ver Suely Rolnik. Lygia chamando. In: Fernando Pessoa; Kátia Canton (org.). *Sentidos e arte contemporânea*. Rio de Janeiro: Associação Museu Vale do Rio Doce, 2007.

87 Maryvonne Saison. *Les théâtres du réel: Pratiques de la représentation dans le théâtre contemporain*. Paris: L'Harmattan, 1998.

a necessidade de abertura do teatro à alteridade, ao mundo e à história, em detrimento do fechamento da representação, predominante na década de 1980".[88] A amplitude do conceito abrange os diversos desdobramentos de um teatro que se configura pelo embate direto com a realidade que nos cerca e nos constitui, deixando de lado a tradição da representação de personagens para contar histórias, e aponta para uma cena múltipla.

No caso do espetáculo *Testigo de las ruinas*, destacamos algumas especificidades da abordagem do real em cena, que serão aqui analisadas. A começar pela relação com a cidade e seus usos: o espaço público em questão – o bairro Santa Inés ou Cartucho, que foi apagado do mapa da cidade de Bogotá para dar lugar à construção de um novo parque – é deslocado para as salas de teatro onde ocorrem as apresentações. A apropriação dos espaços urbanos não se dá por ocupação física e concreta do espaço, como em experiências de *site-specific*, mas por uma construção estética e poética dentro do espaço teatral, que foi criada a partir da vivência dos artistas no espaço urbano em questão.

Em seguida, apontamos o compartilhamento das experiências dos artistas com o público. Apesar de a obra ter caráter documental, o que atrai nosso interesse não são propriamente as informações que nos são passadas, mas o modo como essas informações são elaboradas pelos artistas. Ressaltamos a figura do testemunho em uma perspectiva teatral que inclui tanto o caráter subjetivo dos artistas ao tratarem de suas experiências com as realidades em questão, quanto o exercício da alteridade ao testemunhar o outro e trazê-lo para nós. No desdobramento desse aspecto, o trabalho apresenta sua especificidade: em *Testigo de las ruinas*, os artistas estão em cena com uma ex-moradora do bairro, o que propicia o cruzamento de perspectivas de figuras de testemunho do acontecimento.

88 Sílvia Fernandes. Experiências do real no teatro. *Sala Preta*, São Paulo, v. 13, n. 2, 2013, p. 4.

Finalmente, pontuamos a precariedade e o esgotamento como fragilidade e potência – características que aproximam de modo especial as realidades do Brasil e da Colômbia. Nossa latino- -americanidade se identifica por contrastes sociais e fatores de violência com os quais convivemos no cotidiano e a partir dos quais observamos a insurgência de modos ímpares de lidar com realidades árduas. Em *Testigo de las ruinas*, a força poética se dá pelo encontro genuíno dos artistas colombianos com os desalojados do bairro Cartucho – delinquentes, traficantes, biscateiros, catadores de lixo. São essas figuras, *monstruosas* aos olhos de uma casta social que insiste em formatar uma sociedade branca, limpa, bem-sucedida e moralmente bem constituída, que reluzem como resistência e potência de vida nos espetáculos. Trazê-las para a cena e para o centro dos trabalhos é um modo de reafirmar a construção de um espaço comum formado por singularidades, de enxergar o outro em suas possibilidades, focando a arte como espaço privilegiado para o exercício da alteridade.

O Mapa Teatro foi fundado em 1984 pelos irmãos colombianos Rolf e Heidi Abderhalden. Ele, nascido em Manizales, em 1º de fevereiro de 1956, e ela, em Bogotá, em 28 de dezembro de 1962, são filhos do imigrante suíço radicado na Colômbia Eugen Abderhalden e da colombiana Olga Cortés Abderhalden. Os dois irmãos trabalham juntos na concepção dos projetos e se revezam nos papéis de direção, escritura e adaptação de textos, direção de arte e atuação em cena – que tem um caráter mais de performance do que, propriamente, de representação de personagens. No espetáculo *Testigo de las ruinas*, em uma cena frontal em salas de teatro ou espaços alternativos, Rolf inicia a apresentação contando o histórico do bairro Cartucho e da destruição de suas 15 mil casas para a realização do projeto urbanístico da cidade. Em seguida, discorre sobre o projeto artístico que realizaram com os moradores do bairro a partir do mito de Prometeu, enquanto são projetadas imagens da experiência em cena. Na sequência, Rolf se junta a Heidi para operarem as telas e os projetores de vídeo que irão exibir imagens do processo de demolição do bairro e relatos dos moradores, enquanto a última moradora a ser desalojada do bairro cozinha em um fogão instalado no canto da cena.

Testigo de las ruinas - elementos de contexto
No ano de 1998, a prefeitura de Bogotá decidiu demolir o bairro de Santa Inés, também conhecido como Cartucho, no centro da capital colombiana. Em seu lugar, o então prefeito Enrique Peñalosa anuncia a construção de um novo e moderno parque - Tercer Milenio. Tal operação significava desalojar os habitantes do bairro e apagar a memória de uma importante zona histórica da cidade. Originalmente residência da burguesia de Bogotá, no início do século XX, o Cartucho foi se degradando aos poucos e tornou-se reduto de venda de drogas e delinquência, acolhendo também os que chegavam sem recursos para habitar a cidade, além de refugiados de conflitos em outros locais, tentando a vida na capital. A solução encontrada para a limpeza da área foi a construção do novo parque, um não lugar desprovido de sentido histórico e simbólico para os habitantes da cidade. E quem herdou negociar e colocar em prática a dura etapa da retirada dos habitantes e proprietários dos imóveis, efetivando a demolição, foi o prefeito seguinte, Antanas Mockus, sociólogo e ex-reitor da Universidade Nacional da Colômbia, eleito prefeito da cidade pela segunda vez em 2000, pelo período de 2001 a 2003.

Mockus, por seu turno, resolve experimentar colocar em prática, nessa área fadada à destruição, um *contradispositivo*[89] artístico experimental, inspirado em um laboratório de *imaginação*

---

89 Rolf ressalta a ideia de contradispositivo em relação à definição de dispositivo desenvolvida por Giorgio Agamben em *O que é um dispositivo?* (*O amigo & O que é um dispositivo*. Chapecó: Argos, 2014).

social,[90] nos moldes de uma experiência desenvolvida no ano anterior com a colaboração de Rolf Abderhalden em outro lugar da cidade. Inicia-se assim o projeto *C'úndua*, uma plataforma experimental do programa *Cultura Ciudadana*, financiado pela prefeitura de Bogotá, através do Programa das Nações Unidas para o Desenvolvimento (PNUD). O projeto durou de 2002 a 2003 e englobou uma parte das ações desenvolvidas pelo Mapa Teatro no Cartucho, que posteriormente seguiu por mais dois anos com o projeto, mesmo após o encerramento da parceria com a prefeitura.

De 2002 a 2005, ao mesmo tempo em que o bairro se esvaía, apagando toda memória possível, o Mapa Teatro se aproxima dos habitantes e, juntos, organizam um arquivo artístico vivo. Rolf define o processo de pesquisa, instalações sonoras, cênicas e audiovisuais que foram desenvolvidas em conjunto com os habitantes como "pensamento-montagem".[91] Nessa ocasião, o Mapa Teatro vai realizar um de seus trabalhos artísticos mais importantes, que Rolf afirma ser um corte fundamental em seu processo de pensamento-criação, abrindo espaço para o desenvolvimento e a consolidação de uma figura-chave em sua cartografia poética: "a testemunha/cartógrafa".[92]

---

90 O termo é usado por Rolf desde 1993, quando ele e Heidi decidiram buscar novos interlocutores para a construção de sua própria experiência de *laboratório de imaginação social* e assim montar *Horácio*, com presos de uma casa de detenção de Bogotá. A ideia de laboratório de imaginação social havia chegado a eles através de um texto de Heiner Müller que, a seu turno, a havia tomado emprestada do conceito do filósofo Wolfgang Heise, apresentado em um colóquio que reuniu filósofos, gente de teatro e cientistas, em 1968.

91 Rolf Abderhalden. *Mapamundi: Plurivers poïétique (Mapa Teatro: 1984--2014)*, 2014, 613 p. Tese (Doutorado em etnocenologia), Université Paris VIII, 2014, p. 327.

92 *Ibid.*, p. 153.

Para Rolf, em vez de produzir obras de arte, seu trabalho foi o de orientar e articular as sensibilidades – artísticas e não artísticas – dirigindo uma experiência humana coletiva,[93] criando uma ponte entre indivíduos do bairro e um grupo de artistas e profissionais de outras disciplinas. Os artistas priorizaram o trabalho com pequenos grupos, tratando das individualidades e utilizando diferentes meios – desenhos, colagens, fotografias, narração, instalações plásticas e audiovisuais etc.

A primeira ação foram as encenações de *Prometeo Ato I* e *Ato II* (2002-2003), baseadas na *Libertação de Prometeu*, de Heiner Müller, apresentadas no próprio bairro, o Cartucho. Por via da confluência da récita mítica com as mitologias locais, Rolf e Heidi iniciam seu projeto artístico de encontro com os habitantes do bairro. Na montagem do *Ato I* participaram 15 moradores que escolheram um cômodo de casa como referência – cozinha, quarto, banheiro – reconstruindo-o com os móveis e ruínas oriundos do processo de demolição. Para acomodar o público, uma arquibancada foi instalada no meio da demolição. Cada participante escolheu para encenar um curto extrato do texto com o qual se identificava e uma grande tela de vídeo foi montada como um telão de fundo, na qual eram projetadas imagens do passado e do presente do bairro.

A dramaturgia foi se construindo a partir das lembranças dos habitantes: Jairo conta que um palito de fósforo vale tanto no Cartucho que pode ser motivo para uma pessoa perder a própria vida; Hilda, que chegou com a idade de 8 anos, saindo pela primeira vez da floresta de Vaupés, nunca havia dormido em uma cama e por isso escolheu a cama como seu lugar de cena; Margarida foi para o Cartucho fugindo dos conflitos de uma vila da costa do Pacífico e nos conta que assim que chegou foi aconselhada a dormir com os sapatos amarrados ao pescoço, para não serem roubados. Clara

---

93 In: *Witness to the Ruins: a Lecture-Performance*. SFMOMA, San Francisco, 27 set. 2012. Disponível em: <https://youtu.be/uBEqypTwdk4>.

e Carlos atuam num diálogo a partir de um trecho de Müller, jogando um jogo tradicional de caixa de fósforos – para ele, a águia de Prometeu representa o traficante. Uma pessoa conta que a ideia da saída forçada do bairro era um desafio que parecia impossível de ser superado, enquanto outro casal diz ter ficado contente com a possibilidade de partir. Agregam-se aos relatos as vozes artísticas do bairro: um morador que compõe o seu tango sobre o Cartucho e Daniel Carpinteiro, artista profissional de circo, junto a sua esposa Claudia e o filho Jornel, relatam suas peripécias. Assim, através do mito de Prometeu, os artistas iniciaram o processo coletivo de rever e rememorar o bairro.

Passado um ano da realização de *Prometeo Ato I*, já não restava mais nenhum traço do antigo bairro, apenas ruínas, e o Mapa Teatro propôs a montagem de *Prometeo Ato II* (2003), seguindo os mesmos princípios da primeira montagem, desta vez com apoio do Instituto de Cultura de Bogotá. A ideia inicial era manter a mesma equipe de trabalho, acompanhar o processo de movimento de saída das pessoas do bairro e o consequente apagamento completo da memória física do espaço. A montagem reuniu diversos tipos de testemunhos: desenhos, relatos, diários de trabalho e registros de vídeo, tanto da vida no bairro quanto do processo de demolição. Houve, porém, um desvio do percurso que estavam traçando: pouco antes da estreia, o Departamento Administrativo de Ação Social (DABS), por meio da prefeitura de Bogotá, incitou-os a abrir o processo para a participação de novos integrantes, com o argumento de que o número de pessoas envolvidas era muito pequeno em relação ao número total de ex-moradores do Cartucho, que, desde que haviam saído do bairro, passaram a fazer parte de um programa de inserção social da cidade. Ainda que contra a vontade dos artistas, mas depois de negociações que envolviam argumentos institucionais e financeiros, o processo de criação foi finalmente aberto para cem outras pessoas. O que poderia ter sido um procedimento interessante se revelou catastrófico na opinião de Rolf, por não terem conseguido potencializar a energia da chegada dos novos integrantes junto ao grupo restrito com o qual vinham trabalhando havia dois anos.

O projeto incluiu ainda duas instalações - *Recorridos* (2003) e *La limpieza de los establos de Augías* (2004). A primeira foi montada com destroços do bairro e objetos com os quais os habitantes tinham ligação, na sede do Mapa Teatro - uma grande casa antiga no centro de Bogotá -, que, além de ser local de trabalho criativo da companhia, comporta um teatro e um espaço para múltiplos usos. Os participantes criaram uma espécie de *museu da urgência*, usando documentos selecionados para a articulação de seu próprio objeto de memória. Contra a política da antimemória, de apagar um lugar histórico da cidade, os integrantes do Mapa, em diálogo com moradores do bairro, buscavam os materiais possíveis de produzir seu arquivo de lembranças. Rememorando, reconstruindo e resistindo à produção de vazio com a produção de sentido.

La limpieza de los establos de Augías foi uma videoinstalação que aconteceu simultaneamente no Museu de Arte Moderna de Bogotá e no antigo bairro Santa Inés - o Cartucho -, tendo como referência os mitológicos Trabalhos de Hércules, mais especificamente a situação de exílio à qual Hércules foi submetido. No tapume de zinco que cercava todo o perímetro do antigo bairro durante o período de sua transformação em parque, os artistas instalaram 12 monitores na altura dos olhos dos passantes, exibindo imagens da demolição da última casa do Cartucho e depoimentos da ex-proprietária da casa, Juana, que posteriormente viria a participar do espetáculo *Testigo de las ruinas*. Em três altas colunas de cimento foram instaladas câmeras de vídeo que filmavam, dia e noite, o que se passava no canteiro de obras. Essas imagens eram projetadas diretamente, em tempo real, em uma parede do Museu de Arte Moderna. Criou-se, assim, uma espécie de diálogo a partir do contato do público do museu com os passantes da rua, jogando com uma conexão improvável entre obras de cunho civil e artístico, levantando questões sobre os usos da cidade. A quem servirá o parque em construção? Para onde foram os desalojados? O que foi feito da memória do antigo bairro?

Testigo de las ruinas é a última etapa do projeto, configurada em forma de espetáculo, que passou a fazer parte do repertório da companhia. Em cena, quatro telas de projeção móveis, quatro projetores e Juana María Ramírez cozinhando em um fogão antigo no canto direito do palco. As telas são manipuladas pelos artistas, propondo cortes e diferentes perspectivas das imagens projetadas. Juana passa o tempo que dura o espetáculo preparando *arepas*, bolinhos de milho típicos colombianos, e bolo de chocolate, que serão servidos ao público no final da peça. As imagens projetadas foram filmadas e editadas por Heidi durante o período da demolição do bairro. Rolf conduz uma breve introdução ao projeto e todas as cenas seguintes se passam por meio de projeções de vídeo, remetendo à exibição de um documentário, porém com a peculiaridade de as telas e câmeras estarem em movimento, manipuladas pelos artistas em cena. Inicialmente, os moradores do bairro explicam a origem do nome Cartucho – que pode significar tanto algo descartável, que pode ser escondido, quanto o buraco em que este algo pode ser escondido. Cartucho para esconder alguma coisa, como em um bolso. Cartucho onde as pessoas entram e depois não conseguem sair. "Muitas meninas perdiam sua virgindade aqui, então dizíamos: nós vamos ao Cartucho, para queimar um cartucho." "Vamos comprar cartucho", numa referência às drogas, aludindo ao pó e à pólvora para os cartuchos das armas. "Lá não era só o lugar para os vícios e a prostituição, mas também o lugar para onde iam muitos refugiados."[94]

As quatro telas de vídeo, assim como quatro paredes móveis, exibem um contínuo de imagens de paredes e casas caindo, intercaladas com os depoimentos de seus habitantes. Ora as telas estão

94 Trechos do espetáculo *Testigo de las ruinas*.

lado a lado, ora são deslocadas, como que para nos convidar a mudar o ângulo de visão, ou para nos revelar as fendas criadas no entreimagens, nos intervalos. Ao manipularem as câmeras e as telas, Rolf e Heidi, assessorados por outras quatro pessoas, constroem uma edição ao vivo, um movimento – criando sínteses e múltiplos e operando em disjunções. Juana continua todo o tempo no canto direito do palco, concentrada na preparação dos bolinhos que perfumam o ambiente. Seguem os depoimentos, que passam a versar sobre a resistência, de como os moradores permaneciam no bairro mesmo quando água e luz eram cortadas para tentar fazê-los partir. Vemos também passagens que contam a vida na comunidade, do que se fazia para ganhar a vida, de como era o bairro. Fortes relatos sobre o constante contato com a morte – os assassinatos, as mortes naturais, os corpos encontrados em *contêineres* – além de trechos do processo de montagem de *Prometeo Ato I e II*. Histórias como as de tantos outros bairros tidos como abjetos que passam pelo programa global de renovação urbana.

Há no espetáculo dois fortes elementos que chamam nossa atenção: a presença constante de Juana e as passagens e a presença de Rolf e Heidi. Juana foi a pessoa que mais resistiu a sair do Cartucho, sua casa foi a última a ser demolida. Sua presença em cena, preparando as *arepas*, nos remete imediatamente às *madeleines* de Proust, o quitute que convoca o passado. Juana é uma ponte direta de conexão com o universo da demolição. Mais que isso, sua presença física em cena, ao lado de tantas imagens de destruição, faz também com que o vazio não soe estetizado. Como bem afirma Rolf, o artista "conserva sua importância enquanto promotor da agência estética – um procedimento através do qual uma imagem constrói precisamente a subjetividade".[95] Nós, os espectadores, sentimos que Juana está ali conosco como parte de um arquivo-corpo que segue em movimento. Seu corpo tem os vetores que

95 Rolf Abderhalden. *Mapamundi: Plurivers poïétique, op. cit.*, p. 95.

remontam ao passado retratado nos vídeos, mas tem também a força do presente, de sua ação concreta e de sua permanência. Subvertemos, no lapso do tempo-teatro, o modo corriqueiro de considerar pessoas como dados, como estatísticas. Uma dentre aquelas milhares de pessoas que são desalojadas de centros urbanos está ali conosco. Sua imagem em cena é destacada da imagem de demolição dos vídeos e, nessa operação de troca de mídias, dá--se um leve deslocamento do real – oscilamos entre a referência à destruição de um lugar, o Cartucho, e uma presença atual: sua fisicalidade confronta-se com algo que se mantém em acontecimento. A potência dos materiais apresentados com a presença corporal de Juana atualiza a experiência para o presente.

Em outro plano, temos Heidi e Rolf operando as telas e projetores de vídeos, exibindo-nos o que selecionaram mostrar e como escolheram fazê-lo. Percebemos a atenção dos artistas nessa operação de montagem ao vivo, que Heidi bem definiu como uma "prolongação do olhar da câmera e da edição".[96] Em determinado momento, os dois se colocam diante da tela e cobrem-se da cabeça aos pés com um tecido branco, como um lençol jogado sobre a cabeça, ou como se estivessem vestindo um tipo de burca. As imagens projetadas de frente ganham mais uma camada de superfície e observamos o relevo dos corpos como telas e, em seguida, as sombras de seus corpos nas telas de fundo. Ora as imagens se distorcem, ora novas imagens se criam. A presença dos dois em cena é mais um suporte para as imagens feitas no Cartucho, com seus destroços e os depoimentos dos moradores. É o corpo deles, afetado por todo o processo que vivenciaram, que está ali para projetar e servir de meio para que possamos visualizar as imagens. Eles se colocam entre nós e o bairro, passando a experiência vivida, fazendo continuar o acontecido. Os seus corpos inseridos nos registros das imagens são os mesmos corpos que haviam se

96 Heidi Abderhalden em entrevista concedida à autora (2017).

colocado nas ruínas e que, durante quatro anos, haviam se aproximado do bairro de maneira íntima. Estão ali, transformando aquela experiência em outra, em experiência artística, e compartilhando-a com o público.

A teatralidade, aqui, está no ato da tradução do mundo-demolição vivenciado pelos dois artistas. Não se trata de nos informar de nada, afinal, não nos faltam dados sobre situações de varredura urbana para a construção da bela cidade. Justamente por isso, por termos tantos dados e sabermos tanto, é que às vezes quase não mais os consideramos, ou nos resignamos a absorvê-los passivamente. Pouco importa. Em cena, os artistas se colocam literalmente entre nós, público, e os habitantes do Cartucho, compondo imagens e récitas. Em pouco mais de uma hora de espetáculo, compartilham o que os perpassou e a forma como foram afetados, por meio da construção das imagens projetadas. Juana está junto no trabalho e torna-se testemunha desse fazer. Já não são apenas os artistas que testemunham o desfecho do Cartucho, é também o próprio Cartucho testemunhando o fazer teatral. Certo que as experiências artísticas constroem uma forma de memória, mas é em cena que o arranjo dessa memória vai conseguir tirá-la do papel de somatória de dados e informações para mostrar o não dito, o apenas sentido. É aí que o artista toma posição e se coloca, quase imperceptível, mas inteiro e potente. O teatro acontece para nós nesse quase nada, no suspiro, na delicadeza.

Experiência em cena

A questão da experiência, que salientamos em *Testigo de las ruinas*, aponta diferentes perspectivas para abordarmos os conceitos de representação e teatralidade, sobretudo por focarmos uma proposta artística que se constrói a partir de testemunhos colocados em cena. Chamamos a atenção para os mecanismos de confronto entre experiência e informação, mais especificamente quanto ao desenvolvimento das ideias de precariedade e esgotamento, que servem de base e ferramenta para desdobrar questões que o espetáculo aponta.

Perante tantos veículos de informação inseridos em redes sociais que requerem nossa participação, nos sentimos aptos e, muitas vezes, quase obrigados a expor um ponto de vista, a concordar ou discordar de determinadas colocações, sem nos dar o tempo necessário à reflexão. Em várias de suas obras, Walter Benjamin discorre sobre os meios de comunicação como *dispositivos modernos de destruição da experiência*, com a aterrorizadora capacidade de manipular nossa consciência.

É certo que uma forma de alienação se impõe, paradoxalmente constituída pelo excesso de informação e opinião, mas não podemos deixar de salientar que, por outro lado, novas formas de comunicação e participação deslocam hegemonias e possibilitam articulações anteriormente difíceis de estabelecer. É importante não nos esquecermos dessa quase apagada possibilidade real de estabelecermos novas redes de trocas, antes de voltarmos à conclusão de que são as luzes – dos *outdoors*, das telas de TV, dos *tablets*, computadores e holofotes – focadas na construção de imagens de consumo que embaralham nossa capacidade de vivenciar o que realmente nos é fundamental, transformando-nos em seres domesticados, dóceis, manipuláveis.

A imagem das luzes que nos ofuscam também foi usada por Pasolini ao se manifestar contra o brilho da promessa de uma vida artificial – no caso, intimamente atrelada ao poder político – que acaba por obscurecer qualquer possibilidade de verdadeira e genuína experiência. Ele se refere ao massacre da classe operária pela burguesia e à ascensão de uma nova roupagem do fascismo na política italiana da década de 1970. Desiludido com seu tempo e com a capacidade de resistência do povo às forças de poder, o cineasta demonstra, nos escritos do final da sua vida, desistir ou não mais acreditar na classe social italiana que tanto o inspirou. O povo que outrora lutara concretamente contra os patrões, que fora capaz de agir de acordo com seus desejos e que transbordara vitalidade, se tornara submisso, achatado, resignado. Em seu célebre texto de 1975, *L'articolo delle lucciole* (O artigo dos vaga-lumes), publicado inicialmente sob o título de *Il vuoto del potere in Italia* (O vazio do poder na Itália), o diretor recorre à imagem do desaparecimento dos vaga-lumes.

A obra de Pasolini, contaminada por vaga-lumes erráticos – gente comum em seu cotidiano –, com planos de câmeras que nos aproximam da vida do povo, de seu bailar e de suas flanâncias, exalta a força dos espíritos populares e sua incrível capacidade de resistência. É aí que o diretor encontra a potência de vida, toda sua inspiração artística e intelectual. O apagamento dos vaga-lumes, ocultados por uma luz maior, é para o autor a destruição dessa força, ou da vida com possibilidade de experiência, com ações e reações em relação à concretude das ocorrências do dia a dia. O ofuscamento é a condução da vida por uma falsa promessa, pela construção de uma *pseudo*-ideia de benesse, por um sequestro dos desejos em prol de arranjos que convêm não a si, mas a outrem.

É também de experiências que se constrói a narrativa do espetáculo *Testigo de las ruinas*, a partir da vivência do processo de demolição do bairro central de Bogotá. É uma obra intrinsecamente ligada a seu contexto – a violência dos processos de renovação urbana na América Latina, mais especificamente em Bogotá – e que nos apresenta tal realidade de modo mais concreto e límpido do que as realidades criadas pelas mídias e meios de comunicação de massa, normalmente calcadas em clichês. A vivência intensa das situações extrapola o corpo do artista para tornar-se corpo coletivo, ao chegar até nós. São artistas que partem de uma inquietação, fazem um mergulho profundo na matéria com que trabalham e, de tão visceralmente imbuídos que estão, não lhes resta outra opção a não ser a construção da obra. Obra não no sentido de objeto passivo a ser contemplado, mas a obra artística como proposta de se colocar no mundo, de expor suas formas de organizar as experiências que os perpassam e de compartilhá-las com seu público.

Reconhecemos a busca pelo embate em um engajamento de corpo inteiro e, sobretudo, o reconhecimento das forças de vida nos estratos da sociedade que são comumente tratados como abjetos. Heidi e Rolf são artistas que percebem a potência do outro e que a absorvem. Buscam meios de criar relações que consideram justas e verdadeiras, sem anularem o lugar de onde vêm. Trazem até as salas de teatro e lugares de cultura pessoas que transitam fora das representações hegemônicas: os *monstros* da sociedade, que, para muitos, ainda existem a contragosto, que são enxotados ou até mesmo eliminados por pessoas que simplesmente prefeririam que eles não existissem: as situações delicadas, as relações evitadas. Por via da arte, criam formas de resistência ao esquecimento e apagamento da memória para que vozes portadoras de potência de vida, que são sistematicamente negligenciadas, não sejam silenciadas. Pois, como ressalta Ileana Diéguez Caballero, quando "a arte torna visíveis os processos de aniquilação que vão deteriorando as comunidades, lança uma advertência. Esse assinalamento é também resistência contra a indiferença e uma aposta pela transformação da vida".[97]

Passados pouco mais de trinta anos da publicação de *L'articolo delle lucciole*, o filósofo Georges Didi-Huberman retoma a imagem usada por Pasolini para nos indicar uma pista, recorrendo à destruição da experiência exposta por Benjamin e confrontando-a com as reflexões de Agamben, para quem a potência de vida também parece pouco viável:

---

97 Ileana Diéguez Caballero. *Cenários liminares: teatralidades, performances e políticas*. Uberlândia: EDUFU, 2011, p. 140.

Pois, assim como foi privado da sua biografia, o homem contemporâneo foi expropriado de sua experiência: aliás, a incapacidade de fazer e transmitir experiências talvez seja um dos poucos dados certos de que disponha sobre si mesmo. Benjamin, que já em 1933 havia diagnosticado com precisão esta "pobreza de experiência" da época moderna, indicava suas causas na catástrofe da guerra mundial, de cujos campos de batalha "a gente voltava emudecida... não mais rica, porém mais pobre de experiências partilháveis.... Visto que as experiências jamais receberam desmentido tão radical quanto as experiências estratégicas na guerra de posição, as experiências econômicas na inflação, as experiências corpóreas na fome, as experiências morais no despotismo. Uma geração que tinha ido à escola em bonde puxado a cavalo encontrava-se em pé, sob o céu, numa paisagem em que nada permanecera inalterado, salvo as nuvens; e no centro, em um campo de força de correntes destrutivas e explosões, o frágil, o minúsculo corpo humano".[98]

Didi-Huberman reitera que o declínio não quer obrigatoriamente dizer desaparecimento, construindo, assim, sua reflexão sobre o que seria a sobrevivência dos vaga-lumes. Sua tese é que as propostas de Agamben para a leitura do contemporâneo são fundamentadas a partir de uma leitura de Benjamin: "as ações da experiência estão em baixa" (*die Erfahrung ist im Kurse gefallen*),[99]

98 Giorgio Agamben. *Infância e história: destruição da experiência e origem da história*. Belo Horizonte: Editora UFMG, 2008, p. 21.

99 Walter Benjamin. A obra de arte na era de sua reprodutibilidade técnica. In: Walter Benjamin. *Obras escolhidas: magia e técnica, arte e política*. São Paulo: Brasiliense, 1996, p. 198.

que considera uma *destruição efetivada, realizada,* tornando a vida cotidiana mais que nunca insuportável. "Da mesma forma que, aos olhos de Pasolini, havia uma destruição efetuada no desaparecimento dos vaga-lumes, Agamben converte a 'queda' diagnosticada por Benjamin em ocorrência passada, em 'destruição' sem recurso."[100] Porém, ao retomar a frase de Benjamin em seu original alemão, *die Erfahrung ist im Kurse gefallen,* Didi-Huberman salienta que o particípio *gefallen* indica um movimento horrível, mas que, embora tenebroso, não deixa de ser um movimento:

> O que Benjamin descreve é, sem dúvida, uma destruição efetiva, eficaz; mas é uma *destruição não efetuada,* perpetuamente inacabada, seu horizonte jamais fechado. O mesmo aconteceria então com a experiência e com a aura, pois o que se apresenta, em geral, sob o ângulo de uma destruição acabada da aura nas imagens à época de sua reprodutibilidade técnica pede para ser corrigida sob o ângulo do que chamei uma *suposição*: o que "cai" não "desaparece" necessariamente, as imagens estão lá, até mesmo para fazer reaparecer ou transparecer algum resto, vestígio, ou sobrevivência.[101]

Ora, o que seriam vestígios ou sobrevivência? Seguindo o entendimento de Didi-Huberman, estaríamos, então, salvos por um particípio? É certo que Pasolini e Agamben ressaltam nossa incapacidade de efetuar e transmitir experiências. Não colocamos em questão tais constatações, mas a partir delas e talvez por causa delas procuramos no teatro artistas que oferecem modos de resistência a tal fatalidade. Artistas que fazem reluzir a bela

100 Georges Didi-Huberman. *Sobrevivência dos vaga-lumes.* Trad. Vera Casa Nova e Márcia Arbex. Belo Horizonte: Editora UFMG, 2011, p. 120.

101 *Ibid.*, p. 121.

imagem da sobrevivência dos vaga-lumes, abordando temas considerados abjetos pelo mundo pasteurizado e plastificado; seres que, em muitos casos, vagueiam, fragilmente nos revelando "a humanidade reduzida à sua mais simples potência de nos acenar na noite".[102] Cada acender de um vaga-lume é uma possibilidade de compartilhar um raro escape, um lampejo, como se fôssemos banhados de luz, como vislumbre de um tempo forte no qual fosse possível ofuscarmos obscurantismos. Eis aí o lugar onde a força do teatro, do compartilhamento em um momento preciso, evoca e resguarda sua tradição.

O teatro de testemunho não seria também uma tradução de mundo, fazendo ressurgir, em contextos distintos, uma realidade "original"? Os artistas, sob essa perspectiva, seriam então mediadores de ressurgências, agentes de um *fare resurgere* que desloca ligeiramente o real de seu campo de vida cotidiana para o tempo-espaço estético do teatro. E, nessa operação de tradução, não só resguardam como agregam *um pouco mais de vida* às realidades.[103]

---

102 *Ibid.*, p. 30.

103 As tradutoras do texto de Didi-Huberman para o português (*op. cit.*), Vera Casa Nova e Márcia Arbex, esclarecem, em nota no livro, a opção por traduzir a palavra *ressource* tanto por "recurso" quanto por "ressurgência", dependendo do contexto específico em que aparece no texto. Ressurgência "leva em consideração a etimologia de *ressource*, do verbo *resourdre*, que significa *rejaillir*, jorrar, surgir de novo, do latim *resurgere*" (*ibid.*, p. 120, N.T.). Didi-Huberman esclarece que usa a palavra *ressource* como uma maneira pessoal (em francês) de traduzir o termo heideggeriano *Möglichkeit*, como possibilidade; em contraponto a *potere* (poder), como traduzido por Agamben, cuja opção foi criticada por Ludger Schwarte e Sigrid Weigel (*ibid.*, p. 120, N.T.). Nesses textos derivados, por força dos mecanismos de tradução, com camadas de criação inevitavelmente acrescentadas aos originais, reside o que Derrida chama de *sobrevida* da obra, aquilo que lhes "dá um pouco mais de vida, mais que uma sobrevivência" (Jacques Derrida. *Torres de Babel*. Belo Horizonte: Editora UFMG, 2002, p. 33).

Em sua tese de doutorado[104] em etnocenologia, Rolf tece, em ato poético, a trajetória artística da construção dos trinta anos do Mapa Teatro, de 1984 a 2014. O fortuito encontro com esse seu texto enriquece este capítulo, surpreendendo-nos, por vezes, por dialogar com algumas mesmas e exatas referências que estamos abordando, como a queda da experiência colocada por Benjamin e Agamben. Observamos os artistas atentos a reagirem a tal problemática:

> As reflexões de Walter Benjamin, aprofundadas e retomadas aqui por Giorgio Agamben a respeito da experiência e da sua inevitável queda, nos obrigam a nos posicionarmos. No trabalho do Mapa Teatro sempre fomos sensíveis a tal constatação, procurando construir figuras que a ela pudessem resistir. A testemunha é para nós uma dessas figuras fundamentais que podem contrariar essa perda generalizada da experiência, que não se limita apenas ao contexto da Guerra Mundial, nem mesmo, no nosso caso, ao conflito colombiano, mas que invadiu todos os níveis da vida moderna, em tempos de paz, em qualquer lugar do globo.[105]

Ao elencarem as figuras de testemunho, os artistas reforçam a crença na experiência como meio para construírem suas narrativas. Trazem para a sala de teatro alguns dos *monstros* da sociedade, expondo sua marginalidade e precariedade como força e potência, capazes de reverterem o movimento de queda da experiência; ou como fragilidade e potência, capazes de resistirem aos clichês que lhes são atribuídos. Em todo caso, não há ficção nos fatos expostos,

104 Rolf Abderhalden. *Mapamundi: Plurivers poïétique, op. cit.*
105 *Ibid.*, p. 199.

mas há reconstrução de sentido nas narrativas. Na inversão da conotação de precariedade e marginalidade desponta a teatralidade e força artística do trabalho.

Esgotamento e precariedade como potências de criação

Sobre a noção de *precariedade*, recorremos às reflexões da *performer* e teórica da performance Eleonora Fabião, que, por sua vez, encontrou o conceito nos escritos de Lygia Clark. No ano em que Clark abandona a relação obra de arte/público (1963) e passa a convocar o público à participação na construção do ato estético, ela se questiona justamente sobre a perda da *unidade total* e a nova condição do *precário* e do *movimento permanente*, que passam a ser constitutivos de sua condição. A artista logo percebeu que estava chorando por algo fixo, que já não fazia mais sentido, "em vez de aceitar na maior alegria o precário como conceito de existência".[106] Tal deslocamento de conotação é retomado por Fabião ao salientar a condição do *performer* em um contexto regido por valores antagônicos:

> *Performers* valorizam a precariedade num contexto econômico que a compreende como ausência de valor, num contexto moral que a condena como debilidade e deficiência, num contexto psicossocial que a associa exclusivamente com tristezas e penúrias. Um contexto cultural que perversamente determina que a precariedade – e não a ditadura do capital, o fechamento do sentido ou o corpo colonizado – é justo o oposto da vida.[107]

106 Lygia Clark. *Lygia Clark*. Barcelona: Fundació Antoni Tàpies, 1997, p. 63.

107 Eleonora B. Fabião Performance e precariedade. In: OLIVEIRA Jr., Antonio Wellington (org.). *A performance ensaiada: ensaios sobre performance contemporânea*. Fortaleza: Expressao, 2011, p. 63-85.

Um dos embates que se apresentam no espetáculo do Mapa Teatro é exatamente aquele que se move contra a perversidade de nossos contextos socioculturais. Entretanto, ao contrário de uma leitura dialética simples, são as diversas facetas de situações complexas e intercaladas que problematizam a experiência. Já de partida estamos em uma sala de teatro, em um centro cultural ou na programação de algum festival, locais onde normalmente os espetáculos são apresentados. É desse lugar de cultura que afrontamos temáticas e contextos icônicos da nossa sociedade, aproximando-nos dos sujeitos implicados. Estamos, sobretudo, diante dos artistas que elaboraram em ato estético o recorte que nos é apresentado. As problemáticas sociais que poderiam facilmente ser transformadas em apresentação de dados, ou as pessoas em questão – os moradores do bairro Cartucho –, que arriscariam tornar-se imagens fetiches, escapam do lugar previsível por meio de atos de conduta dos artistas.

No caso do Mapa Teatro, a elaboração das figuras de testemunho foi inicialmente motivada pela necessidade de ampliar o campo de suas experiências, com a intuição, como afirma Rolf, de que "o contexto teatral constituído definitivamente não era suficiente para traduzir e dar conta da complexidade, dos contrastes e paradoxos inerentes ao nosso tempo e ao nosso contexto singular".[108] O artista acrescenta:

> É no contexto de comunidades heteróclitas, ao mesmo tempo fortes e vulneráveis, submissas e revoltadas, e através de gestos artísticos muito diversos que nós tentamos, mediante a figura do testemunho, interrogar essas questões e problematizar suas experiências.[109]

---

108 Rolf Abderhalden. *Mapamundi: Plurivers poïétique, op. cit.*, p. 201.

109 *Ibid.*, p. 203. Tradução da autora para: *C'est dans le cadre de communautés hétéroclites, fortes et vulnérables, soumises et révoltées, à la fois, et à travers des gestes*

É no corpo a corpo, na vivência das situações *in loco*, que Rolf e Heidi vão se deixar afetar pela realidade que os provoca para, em um segundo momento, organizar suas experiências a serem compartilhadas com o público, levando-nos a pensar na *atitude crítica* perante a atualidade, como definida por Foucault.[110]

Percebemos um jogar-se no turbilhão onde estão as questões com as quais os artistas querem ou precisam se relacionar. Um entrar no redemoinho de corpo inteiro, em estado de entrega, com a força da fragilidade que tal ato requer. Portanto, considerarmos a precariedade, o esgotamento e a exaustão *leitmotive* da criação dos artistas parece-nos fundamental para o entendimento das camadas dramatúrgicas da obra. Em *Testigo de las ruinas* temos uma composição textual, imagética e sonora que alterna estados de força de resistência e força de fraqueza perante a lei e a incapacidade de mudar o *status quo* em relação à população marginal. É do ato genuíno de afrontar o balanço de tais estados que se constrói a narrativa que nos é apresentada. Estamos, portanto, falando de uma textualidade que implica não só o texto, as músicas e as imagens, mas também o confronto de vetores de forças com o qual nos identificamos, uma vez que estamos igualmente imersos nesses *estados precários*. O fio que conduz nossa leitura dos espetáculos não é o enredo em si, mas as tabulações do esgotamento que nos assola, a experiência se colocando para nós como precariedade e potência.

No livro *O avesso do niilismo: cartografias do esgotamento*, o filósofo Peter Pál Pelbart constrói uma cartografia coletiva do esgotamento, apontando os "contramovimentos" do presente, que colocam em evidência a derrocada do sistema vigente ao mesmo tempo em que abrem brechas para entrever novos desejos. Sua

---

artistiques très divers, que nous avons tenté, faisant appel à la figure du témoin, d'interroger ces questions et de problématiser leurs expériences.

110 Cf. Michel Foucault. O que são as Luzes?. In: Michel Foucault. *Ditos e escritos II*. Rio de Janeiro: Forense Universitária, 2000, pp. 335-51.

reflexão aponta para o esvaziamento do sujeito, como observado em tantos personagens literários – "de *Bartleby* ao artista da fome de Kafka – que precisam de sua imobilidade, no limite do corpo morto, para dar passagem a outras forças que um corpo excessivamente 'blindado' não permitiria".[111] É a partir da ideia de "vida nua, vida besta e uma vida", que se contrapõem ao mesmo tempo em que se sobrepõem, que Pelbart delineia o campo de batalha no contexto biopolítico, onde a própria vida está colocada em jogo. A "vida nua" de Agamben é a expressão do corpo dócil exaurido, do corpo blindado. Já a "uma vida" de Deleuze são os corpos que se permitem frágeis para tornar-se permeáveis, suscetíveis a afetos. E o rebaixamento global da existência pode ser definido como "vida besta", essa depreciação da vida, sua redução à vida nua, à sobrevida. A esse espectro convergem vidas que a sociedade do bem – branca, educada, corretamente colocada e inserida no sistema – julga marginais e monstruosas. Pobres, drogados, refugiados e sem-teto aderem facilmente a tal imagem.

Mas às vezes é no extremo da "vida nua" que se descobre "uma vida", assim como é no extremo da manipulação e decomposição do corpo que ele pode descobrir-se como virtualidade, imanência, pura potência, beatitude.[112] É no extremo da fragilidade, da precariedade que apontam forças capazes de reverberar novas narrativas. É na marginalidade e na miséria dos sem-posses, dos viciados, dos delinquentes, dos apêndices da sociedade, que observamos a potência do espetáculo. Pois mesmo "no corpo blindado se insinua uma estratégia de resistência: ele é o corpo do homem sem qualidades, sem particularidades, sem substancialidade do mundo, onde já nem o *biopoder* pega".[113]

---

111 Peter Pál Pelbart. *O avesso do niilismo: cartografias do esgotamento*. São Paulo: n-1 edições, 2013, p. 31.

112 *Ibid.*

113 *Ibid.*, p. 34.

Testemunho como dispositivo teatral

Testigo de las ruinas é um trabalho que se constrói com a potência dos testemunhos das experiências prévias dos artistas com a realidade que apresentam em cena. Rolf e Heidi constroem um arquivo da destruição do Cartucho, organizando diferentes figuras de testemunho sobre o acontecido, incluindo o testemunho próprio. Em cena, temos a presença física tanto dos artistas quanto de uma ex-moradora do bairro, além da presença, por vídeo, de tantas outras vozes que pertencem a ou a quem pertence tal história.

Uma vez em cena, tais construções encontram o público e, assim, transformam-se em experiência teatral. O nosso testemunhar a cena, em embate com os testemunhos em cena, vai construir o sentido da peça.

Dentre as diferentes possibilidades de etimologia da palavra testemunho, duas ou três servem para ilustrar essa reflexão. A primeira delas considera que testemunha provém do latim *testis*: testemunha-se pelo desejo de se posicionar. A segunda definição remete ao ato de resistência à barbárie do esquecimento – "sua relação com o acontecimento da violência lhe confere uma potencialidade política singular. A testemunha retém a memória direta da barbárie; ela contém a possibilidade de desarmar o pretenso naturalismo da biopolítica".[114] E a terceira e mais pitoresca é o significado de testemunho como o bastão usado no atletismo – um tubo cilíndrico de metal ou madeira que deve ser passado de um membro a outro da mesma equipe, em corridas de revezamento.

Vamos nos distanciar um pouco de uma das definições mais comuns de testemunho – uma terceira pessoa que se coloca sem que tenha relação direta com o fato ocorrido, nem de um lado nem de outro de um litígio – para pensarmos no testemunho como um

---

114 Castor Bartolomé M. M. Ruiz. A testemunha e a memória. O paradoxo do indizível da tortura e o testemunho do desaparecido. *Ciências Sociais Unisinos*, São Leopoldo, v. 48, n. 2, pp. 70-83, maio/ago. 2012.

ato de desejo vital, uma resistência e batalha contra o apagar de determinados fatos da memória coletiva, e como o movimento de dar continuidade, de passar o bastão. Não no sentido de repassar uma informação, mas no sentido de compartilhar uma experiência. O testemunho como uma possibilidade de nos aproximarmos do sentimento do outro, de construirmos algo em relação ao outro e inclusive em relação a nós mesmos. No caso aqui apresentado, o espetáculo teatral é a parte final de um projeto de pesquisa artística mais amplo, e as trajetórias mostradas em cena revelam-nos o percurso dos artistas em sua construção com o tema apresentado. Estamos no teatro a compartilhar testemunhos de precariedades que também nos constituem, testemunhando o outro e nós mesmos em um jogo de sutis vibrações.

O espetáculo não apresenta as características de um teatro de representação, pois não há construção de personagens pelos atores. Pelo contrário, há uma apresentação do si-mesmo-artista em cena, em uma deliberada escolha de não representar papel algum, mas sim de assumir seu papel em cena. As figuras de testemunho do Mapa Teatro funcionam como dispositivos que, ao possibilitarem o acesso dos artistas às realidades que lhes tocam, oferecem-nos as pistas para o compartilhamento do ato estético. A relação do público com a obra pode se dar pela via da história que se conta, pela forma com que a história é apresentada, ou ainda pela interseção das duas coisas.

Ao percebermos essa conjunção, compreendemos que não se trata de uma ação sobre a ação do outro, mas sim de ação com o outro. Há o encontro dos artistas com um extrato da realidade e o desenvolvimento de um testemunho que se desdobra. São as figuras de testemunho, com as quais os artistas já trabalham há mais tempo, que se multiplicam e abrem espaços para novos encontros, novas trocas e para a construção de uma nova realidade em conjunto com o público presente.

Sobre o testemunho

O argumento do testemunho no trabalho do Mapa Teatro tornou-se um ponto crucial para a construção de suas narrativas. Rolf aponta a problematização da representação de personagens diante da potência das práticas testemunhais: "a testemunha como operadora, como porta-voz, vai progressivamente deslocar, questionar, a eficácia da dimensão mimética do ator, para introduzir no nosso trabalho todas as potências daquele que conta, pessoalmente, sua história".[115] É comum, em seus trabalhos, a reunião de pessoas de diferentes áreas e saberes para o desenvolvimento de determinado projeto, no que definem como uma "comunidade temporária experimental".[116] Das figuras de testemunho que foram pouco a pouco implantando em suas práticas, Rolf destaca

> a testemunha *operadora*, a testemunha *em presença*, a testemunha *fantasma*, a testemunha *das testemunhas*, a testemunha *vigilante*, a testemunha *porta-voz*, a testemunha *crítica*, a testemunha *espectador* e, enfim, o artista como testemunha; *o historiador materialista* que convoca e agencia todas essas palavras e gestos de testemunho, dando-lhes uma forma, um contexto, uma visibilidade.[117]

115 Rolf Abderhalden. *Mapamundi: Plurivers poïétique, op. cit.*, p. 241.

116 "O termo 'comunidade temporária experimental' refere-se à produção de uma 'ecologia cultural' em que os artistas fazem alianças com outros para produzir modos experimentais de coexistência. O termo é de Reinaldo Laddaga. Essa noção foi integrada, alguns anos depois, ao nosso 'laboratório de imaginação social', no momento da realização do nosso segundo projeto em um espaço 'heterotópico' de Bogotá: o bairro Santa Inés - o Cartucho, hoje apagado do mapa da cidade" (*ibid.*, p. 223).

117 *Ibid.*, p. 201. Tradução da autora para: *le témoin* opérateur, *le témoin* en présence, *le témoin* fantôme, *le témoin* des témoins, *le témoin* vigilant, *le témoin* porte-parole, *le témoin* critique, *le témoin* spectateur *et, enfin, l'artiste comme témoin: l'historien matérialiste qui convoque et agence toutes ces paroles et gestes de témoignage, leur donne une forme, un cadre, une visibilité.*

Ao recapitular seu percurso artístico, Rolf aponta uma situação – em 2004, na ocasião das primeiras leituras de *La nuit juste avant les forêts* (A noite logo antes das florestas) de Bernard-Marie Koltès, que posteriormente se transformaria na peça *La Noche/Nuit* – em que questiona o problema da reprodutibilidade no teatro:

> As palavras ditas de cor (ou melhor, de cabeça) pareciam perder, quando o texto não estava em mãos, todo o frescor e vitalidade. Nada de extraordinário em um processo como esse, mas a questão de todo modo me inquietava: por que eu era um leitor tão bom e, subitamente, um ator tão ruim? O que acontecia nessa passagem de um meio a outro que mudava a vida em aparência de vida, a sensação em percepção, a força em forma? Seria o *efeito do tempo* (da urgência e do imediatismo da leitura ao tempo mediatizado de sua memorização); o *efeito psicológico* (do ato performativo ao ato mimético, da língua à linguagem); o *efeito espacial* (passagem da atuação e da encenação à interpretação e direção); ou, ainda, o *efeito da vontade* (da causa ao efeito da sua transmissão)?[118]

Para dar conta do que consideram uma verdadeira questão – qual teatralidade buscavam no interior e fora do teatro –, os integrantes

---

118 *Ibid.*, p. 151 (itálico no original). Tradução da autora para: *Les mots dits "par coeur" (je dirais plutôt, de tête) semblaient perdre, sans le texte en main, toute leur fraîcheur et vitalité. Rien d'extraordinaire dans un processus tel que celui-ci, mais la question m'inquiétait quand même: "Pourquoi étais-je un si bon lecteur et, subitement, un si mauvais acteur? Qu'est-ce qu'il y avait là, dans ce passage d'un médium à l'autre, qui changeait la vie en semblant de vie, la sensation en perception, la force en forme? Etait-ce l'effet du temps (de l'urgence et l'immédiateté de la lecture au temps médiatisé de sa mémorisation); l'effet psychologique (de l'acte performatif à l'acte mimétique, de la langue au langage); l'effet spatial (passage du jeu et la mise en espace à l'interprétation et la mise en scène) ou, alors, l'effet de volonté (de la cause à l'effet de sa transmission)?*

do Mapa Teatro a problematizam transgredindo o limite do próprio contexto teatral. Caballero, ao se referir a trabalhos que extrapolam topografias do limite, diz que eles constituem *instâncias de liminaridades*, considerando que as "elaborações estéticas não se descolam das questões éticas e dos motivos pelos quais são geradas".[119] Rolf e Heidi, nesse sentido, passam a sistematizar o que consideram "limite físico, geográfico, jurídico, disciplinar, ético/estético, mas também limite moral, afetivo, simbólico e político".[120] O trabalho que desenvolvem a partir desse questionamento é uma busca de comprometimento ético e estético que escolhem perseguir verticalmente.

Heidi e Rolf iniciaram suas pesquisas no campo das experiências pessoais e da construção de testemunhos desenvolvendo ações em penitenciárias. Durante quatro meses do ano de 1996, os irmãos Abderhalden trabalharam uma leitura de *Horácio*, de Heiner Müller, em uma prisão de segurança máxima na Colômbia, a Penitenciária Central, conhecida como La Picota:

> Esta experiência foi nosso primeiro encontro com a figura da testemunha. Ela nos permitiu compreender a que ponto a testemunha é múltipla, complexa e polissêmica. Identificamos, evidentemente, vários tipos de testemunhas e diferentes formas de testemunho. O primeiro tipo de testemunha é a operadora. A primeira decisão tomada com Heidi era que um de nós estivesse presente no palco com eles (os detentos) desde o início do laboratório, e que o outro estivesse fora, para dirigir as "operações".[121]

---

119 Ileana Diéguez Caballero. *Cenários liminares: teatralidades, performances e políticas, op. cit.*

120 Rolf Abderhalden. *Mapamundi: Plurivers poïétique, op. cit.*, p. 271.

121 *Ibid.*, p. 227. Tradução da autora para: *Cette expérience a été notre première*

Oito dos nove detentos, junto com Rolf, subiram ao palco do teatro Camarín del Carmen, em Bogotá, para compartilhar a encenação da leitura com o público. Na sequência dessas primeiras experiências, Heidi e Rolf foram explorar outros universos, expandindo a pesquisa das figuras de testemunho, de montagens de óperas a instalações em museus, passando por um diversificado repertório de obras teatrais. Independentemente do meio em que estejam inseridos seus trabalhos, eles focam na abordagem de temas ligados aos conflitos contemporâneos e às problemáticas sociais de seu país, o que propicia a continuidade das investigações sobre os modos de trazer assuntos tidos como tabu e camadas da população menosprezadas pelo sistema para o centro de seus trabalhos artísticos.

O testemunho passou a ser o modo principal de conduta dos trabalhos ou o cerne mesmo que baliza as criações desenvolvidas por Rolf e Heidi, independentemente do contexto em que estejam inseridos. Como observado, o trabalho do Mapa Teatro não se resume apenas às salas de teatro, mas alcança também espaços urbanos, museus e galerias. Em 2014, eles participaram da 31ª Bienal de Artes de São Paulo, com a instalação *Los incontados: un tríptico* (Os não contados: um tríptico) – um desdobramento da montagem da trilogia teatral *Anatomía de la violencia en Colombia* (Anatomia da violência na Colômbia) – instalada em três espaços articulados, cada um referente a um dos espetáculos. Nessa potente trilogia, composta por *Los santos inocentes* (2010), *Discurso de un hombre decente* (2011-12) e *Los Incontados* (2014), os artistas abordam o delicado tema dos conflitos armados e suas consequências na vida

---

rencontre avec la figure du témoin. Elle nous a permis de saisir à quel point le témoin est multiple, complexe et polysémique. On repère à l'évidence plusieurs types de témoins et différentes formes de témoignage. Le premier type de témoin est l'opérateur. La première décision prise avec Heidi était que l'un de nous deux soit présent sur scène avec eux dès le début du laboratoire, et que l'autre soit à l'extérieur pour diriger les "opérations".

cotidiana da população do país, por meio do encontro entre ficção e documentário.

A expansão do trabalho teatral para outros meios e seus desdobramentos toma também o caráter de reflexão sobre o próprio fazer artístico e sobre a gênese dos espetáculos, confirmando uma tendência que ganhou espaço maior nos estudos teatrais, sobretudo a partir da década de 1990. Como salienta Fernandes,

> [...] o acompanhamento, a observação e o estudo do processo, a compreensão do percurso do encenador, dos atores e da equipe de criação, a investigação dos rastros da feitura artística do espetáculo passaram a constituir procedimentos imprescindíveis ao esclarecimento daquilo que se apresentava no palco ou fora dele.[122]

Em 2012, passados dez anos do início dos trabalhos do Mapa Teatro no Cartucho, Rolf proferiu uma leitura-performance sobre o processo que culminou na montagem de *Testigo de las ruinas*, no Phyllis Wattis Theater, do Museu de Arte Moderna de São Francisco, SFMOMA.[123] O palco foi dividido por uma tela translúcida, com a presença de Rolf e Heidi na parte da frente e de Juana, a última moradora a sair do Cartucho, junto a Antanas Mockus, prefeito de Bogotá à época, na parte de trás, levemente iluminados. Durante a apresentação, foram projetadas imagens gravadas ou encontradas no período de 2002 a 2005, parte das diferentes ações do processo de testemunha e cartografia que desenvolveram no bairro. Mas a apresentação foi também a ocasião para outro desdobramento, criando uma nova situação, com o inusitado

122 Sílvia Fernandes. Experiências do real no teatro, art. cit., p. 406.

123 Leitura-performance em 3 dez. 2012 em San Francisco, no Phyllis Wattis Theater, SFMOMA (*Witness to the Ruins: a Lecture-Performance*. SFMOMA, San Francisco). Disponível em: <https://vimeo.com/59204458>.

encontro entre Juana e Antanas, no palco, representando justamente vítima e Estado, comando e resistência; transformando o acontecimento em outro espetáculo, com uma considerável carga dramática. No final, quando se projetam imagens ao som do tango, ele a tira para dançar, e o público assiste à imagem dos corpos bailando atrás do telão de projeção, misturando-se aos outros corpos, projetados em imagens no telão, dançando no antigo bairro Santa Inés – o Cartucho. Uma singela operação, bem definida no repertório de Rolf como testemunha-crítica.

Seja em espetáculos, instalações ou palestras, Rolf e Heidi buscam, a cada oportunidade, formas de abordar e apresentar o outro que o incluam e que tenham a potência de nos envolver, com o mesmo cuidado e delicadeza que dedicam às criações.

Observamos a preocupação quanto a "com que direito" podem falar do outro, que se desdobra nas nuances dos vários tipos de abordagens dos contextos e na reflexão sobre os desdobramentos das figuras de testemunho. A teatralidade está no compartilhamento que fazem das experiências com o público, de um modo milimetricamente construído, em um jogo distanciado e colado ao mesmo tempo, pois funda-se no domínio absoluto do que a experiência provoca em si, para que possam reconstruí-la para o outro. Esse teatro encontra-se à margem, nas margens. Não é a grande interpretação de um papel, tampouco uma dramaturgia sólida que o caracteriza, mas sim a experiência e o testemunho da experiência do menor, do deixado de lado, do excluído, do que a sociedade não quer ver, do sem nome, do qualquer um, do nada. É o nada com força.

Os *monstros* somos todos nós

Heidi e Rolf amassam matérias adjacentes à grande história para construir em cena a possibilidade de aproximação com o outro. O teatro que perseguem assume dois papéis fundamentais: não só o espaço de construção de outro mundo possível, mas também o espaço de desconstrução de um mundo no qual reinam demasiadas certezas e que insiste em categorizar e dividir as pessoas em grupos, como se em cada um de nós não habitassem todos. Para realizarem seus projetos, buscam a via da experiência, tanto na elaboração do material quanto nos modos de compartilhá-lo com o público.

A gênese do projeto *Testigo de las ruinas* é, antes de mais nada, a busca do outro, e é do encontro com o outro que se tecem as narrativas que são apresentadas ao público. Texto, imagem e sons são organizados em uma dramaturgia de contingência na qual os intervalos, as suspensões e o explícito, tanto quanto o não dito, são elementos que contribuem para a conexão com o público através das sensações, delicadamente convocando-nos a simplesmente perceber existências alheias. Talvez seja essa a característica que faça desse teatro uma ação com potência política. Numa conferência em Palermo, em 1982, Bernard Dort levantava a hipótese da inversão de uma das funções históricas da cena, sugerindo que em vez de propor novos modelos sociais, o teatro contemporâneo teria como tarefa essencial desconstruir aqueles que as mídias nos impõem. Hoje, porém, tal hipótese parece-nos insuficiente ou demasiadamente simplista. Se é o caso de falarmos em função histórica da cena, teríamos que ao menos considerar uma coisa e outra - propor novos modelos, ao mesmo tempo em que podemos desconstruir os que nos são impostos - mas, sobretudo, urge despertarmos de um transe que nos dá a impressão de estar em contínuo estado de exceção.

Uma falsa ideia de liberdade e progresso ofuscou-nos, instalando-se em nosso íntimo e embaralhando nossa capacidade de discernimento. Em tal contexto, se uma pessoa não está exausta, é porque está anestesiada - não há espaço para o meio-termo. O que ocorre efetivamente com o público dos espetáculos em questão é uma operação de identificação na exaustão ou a sensação do impacto do baque do real que irrompe a cena. Em todo caso, o chamado dos artistas é construído em realidades duras e difíceis, mas abordadas de modo extremamente cuidadoso, frágil, pequeno. O meio criado para afrontar a situação dos desalojados é aproximar-se, chegar junto, escutar.

A construção de um "outro mundo possível" depende, segundo Michael Hardt e Antonio Negri, de um projeto democrático verdadeiro, que considere a dinâmica constitutiva da multidão, composta de diferenças e singularidades radicais, que não podem ser sintetizadas em uma identidade. A multidão que é um conjunto difuso de singularidades que produzem uma vida comum. O comum que não se refere a noções tradicionais de comunidade ou de público, mas que se baseia na *comunicação* entre singularidades e manifesta-se através dos processos sociais colaborativos de produção. A base do projeto negriano é a crença inabalável no desejo, tal qual entendido por Spinoza – o esforço para manter e aumentar a potência de agir do corpo e do pensar da mente, do prazer de viver – a própria essência do homem. A arte seria "a primeira evidência, mas também a mais bela e a mais completa em configurações desse formidável movimento".[124] É esse desejo que vai possibilitar a construção política e social, já não mais dissociadas, do bem comum:

> Por um lado, como deixa bem claro Merleau-Ponty, a carne é comum. Ela é um dos elementos como o ar, o fogo, a terra e a água. Por outro lado, esses diferentes monstros dão testemunho do fato de que somos todos singulares e de que nossas diferenças não podem ser reduzidas a um corpo social unitário. Precisamos escrever uma espécie de anti-*De corpore* que vá contra todos os tratados modernos do corpo político, apreendendo essa nova relação entre o que é comum e o que é singular na carne da multidão.[125]

124 Antonio Negri. *Art et multitude: Neuf lettres sur l'art suivies de Métamorphoses.* Paris: Mille et une nuits, 2009, p. 61.

125 Michael Hardt e Antonio Negri. *Multidão: guerra e democracia na era do im-*

Ao nos prepararmos para assistir *Testigo de las ruinas*, criamos expectativas sobre os ex-moradores do bairro Cartucho. É com eles que passaremos pouco mais de uma hora no teatro. Entretanto, ao adentrarmos o espetáculo, ocorre algo parecido com o mecanismo da casa de espelhos e, buscando ao outro, encontramos a nós. No jogo de espelhos vemos os outros, duplicamos e replicamos suas figuras, mas também estamos inseridos na imagem. Não por acaso, Rolf afirma que

> Os relatos das testemunhas [...] nos mostravam com humor e zombaria o lado sinistro da vida do *Cartucho*: o *abjeto*, o *estranho*, o *obsceno*. Esta "alegria perturbadora de rir da obscenidade do real" que perturba nossa identidade, nossos valores, nossas funções sociais, nos solicitava o tempo todo a problematizar nosso encontro com o outro, não pelo julgamento moral, mas sobretudo pela afirmação da *diferença* e da *alteridade*.[126]

Os artistas que reconhecem a alteridade e a afirmam a partir de si são capazes de nos incluir, via espetáculo, em uma espécie de triangulação, para usarmos um termo teatral, na qual se garantam as diferenças e, sobretudo, a identidade de cada um. O fato de não haver personagens é talvez o primeiro indício de que se trata de um teatro desprovido do código do ator que vai

---

pério. Rio de Janeiro: Record, 2005, p. 253.

126 Rolf Abderhalden. *Mapamundi: Plurivers poïétique* , *op. cit.*, p. 269. Tradução da autora para: *Les récits des témoins [...] nous montraient avec humour et dérision le côté sinistre de la vie du* Cartucho: *l'abject, l'étrange, l'obscène. Cette "inquiétante joie d'avoir à rire de l'obscenité du réel" qui perturbe notre identité, nos valeurs, nos rôles, nous demandait sans cesse de problématiser notre rencontre avec l'autre, non pas par le jugement moral mais plutôt par l'affirmation de la* différence *et de l'*altérité.

representar "como se" fosse outra pessoa. A segunda pista seria a ausência de uma história dramática. Mas é no modo como são tecidas as narrativas que entendemos que o trabalho trata de compartilhar experiências vivenciadas pelos artistas anteriormente, trazendo para a cena os desalojados do bairro Cartucho. Como em todo teatro, estabelecemos um pacto. Nesse caso, vamos acreditar na realidade que nos é apresentada. Apostamos na tradução dos artistas que propõem o que Berger diz ser uma realidade a ser salva, liberta dos clichês da mídia hegemônica. Percebemos o outro – artista e não artista – em suas singularidades, que são construídas no precário, no simples, no abandono, na fragilidade. No tempo-espaço do teatro, reafirmamos, em ato estético, a convivência com a diferença como a mais singela e elementar premissa para a construção do espaço comum.

ESULTADO #195 //ORDEM DO DI

00:00
O voto não é OBRIG
que perderam o dir
continuam sem o m

Sim
Não
Abstenção 6
Bloqueados
Pop.

ÓRIO. As pessoas
ito ao voto
md

91

4

163

Pendente de voto. Foto: Blenda

Pendente de voto. Fotos: Blenda

Pendente de voto. Foto: Cláudio Bueno

Situation Rooms. Fotos: Ruhrtriennale / Jörg Baumann

Situation Rooms. Fotos: Ruhrtriennale / Jörg Baumann

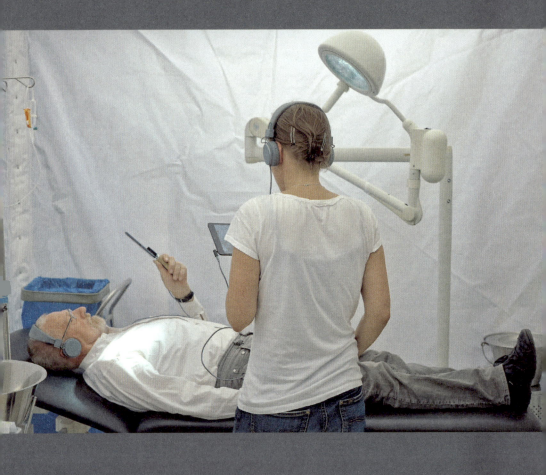

Situation Rooms. Fotos: Ruhrtriennale / Jörg Baumann

> Quer se trate dos vestígios ou do corpo de outrem,
> a questão é saber como um objeto no espaço pode
> tornar-se o rastro falante de uma existência, como in-
> versamente, uma intenção, um pensamento, um projeto
> podem separar-se do sujeito pessoal e tornar-se visíveis
> fora dele em seu corpo, no ambiente que ele se constrói.
>
> Merleau-Ponty, *Fenomenologia da percepção*

O palco preenche-se de público

A máxima que dizia que para se fazer teatro bastava ter o ator e o público talvez deva ser reconsiderada. Nos últimos anos, deparamo-nos com uma série de espetáculos sem a presença de atores em cena e com diferentes proposições em relação ao público. Obras nas quais os atores se fazem presentes através de suas imagens projetadas ou vozes amplificadas, mas não estão fisicamente em cena, e espetáculos nos quais não temos nenhuma referência a atores. Em alguns casos, os espectadores assistem à profusão de imagens, sons e performances de traquitanas diversas. Em outros, o público é quem faz o espetáculo acontecer, usando dispositivos de interação – controles remotos, *tablets*, fones de ouvido –, podendo ou não ser conduzido por algum agente facilitador. Mas o ator, aquele que representava um papel ou se apresentava desprovido de personagem, já não está mais em cena. Tampouco estão em cena os atores *ready-made*, *delegated* ou *experts* – aqueles que não exercem o ofício de ator, mas são convidados a participar de um espetáculo como eles próprios. O palco esvazia-se de atores e preenche-se de público.

Tal mudança interfere em alguns dos paradigmas mais arraigados do teatro, e a investigação do assunto, com o objetivo de aprofundar a leitura da cena contemporânea, parece-nos tão interessante quanto necessária. Muitas são as questões que se colocam, a começar pela escolha dos próprios artistas quanto a nomear o teatro que propõem, passando pelas tecnologias das quais se servem e pelos conteúdos abordados, até a relação que se estabelece com e entre o público. Cada aspecto que escolhemos abordar abre um leque de conexões com questões ontológicas e sociais. E, se por um lado as análises não parecem convergir em uma teoria consolidada, por outro elas apontam caminhos e fazem cintilar pontos que mostram uma vertente teatral interessada sobretudo em novas propostas de jogo e interação com a plateia. Esse teatro convida a refletir sobre aspectos fundamentais da cena e sobre o modo de se referir a ela.

Em algumas peças, como na trilogia fantasmagórico-tecnológica de Denis Marleau, que reúne os espetáculos *Os cegos* (2002), de Maurice Maeterlinck, *Dorme, meu menino* (2004), de Jon Fosse, e *Comédia* (2004), de Samuel Beckett, transita-se em um terreno interdisciplinar que cruza linguagens como cinema, vídeo, instalação e o uso de máscaras projetadas. Em *Os cegos*, deparamo-nos apenas com rostos no escuro; na verdade, imagens projetadas em 3D que recriam a ilusão da presença humana física e, mesmo quando o mecanismo é desvendado, continua causando um efeito ilusório incomum. Em outras peças, como no espetáculo *Sagração da primavera* (2014), de Romeo Castellucci, em que o maquinário de fertilizante agrícola adaptado *performa* um balé de pó de ossos ao som de uma gravação da composição orquestral de Stravinsky, o impacto da forte plasticidade e da mecanicidade da coisa remete ao muito humano e ao além do humano. São traquitanas obviamente orquestradas por técnicos e que dispensam a reconstituição de figuras humanas.

A não presença de atores e o uso de dispositivos tecnológicos em cena não são, em si, características que definam algum tipo de teatro. São recursos utilizados em diferentes propostas artísticas, mas que comumente apontam para as questões da ausência/

presença ou para a relação sujeito/objeto. Nos exemplos citados anteriormente, assim como em *Stifters Dinge*, abordado no primeiro capítulo deste livro, a disposição do público se dá em relação frontal, com os espaços de cena e plateia bem divididos, ainda que cada um aposte em poéticas bem distintas. Já nos espetáculos aos quais escolhemos nos ater – *Pendente de voto* (2012, apresentado no Brasil em 2014), do catalão Roger Bernat, e *Situation Rooms* (2013), do coletivo alemão Rimini Protokoll –, além de não existir a presença física de atores em cena, ocorre a interação do público, através de dispositivos tecnológicos, borrando as fronteiras entre espaço de cena e plateia e abrindo campo para a exploração de polifonias e heterogeneidades. No primeiro, reconstitui-se uma arena e o público vota, utilizando controles remotos, em questões de cunho político-social e noutras mais lúdicas e poéticas, que são projetadas em um telão central. No decorrer da votação, são designadas duplas e em seguida grupos, pela similaridade dos votos, e o público interage entre si, em consonância com a tendência da arte contemporânea de trabalhar na esfera das interações humanas e de seu contexto social.[127]

Já em *Situation Rooms*, o público recebe um *tablet* para seguir o percurso de diferentes pessoas ligadas ao mercado internacional de armas. Cada espectador, munido do seu dispositivo, experimenta o ponto de vista e as ações dos atores dessa grande rede internacional, que inclui, entre outros, empresários, traficantes, médicos e colaboradores humanitários, percorrendo um trajeto dentro de um cenário que reproduz os ambientes de cada um, montado em um conjunto de *contêineres* interligados.

Parto da primeira e mais evidente constatação: trato de um teatro que se abstém do ator em cena. O acontecimento teatral comumente se dá no espaço entre o ator e o público e dessa interação cria-se um corpo coletivo que se constitui justamente

127 Nicolas Bourriaud. *Estética relacional*. São Paulo: Martins Fontes, 2009.

no espaço-tempo da apresentação. Parte da construção da teoria teatral contemporânea baseia-se nessa relação, abordando-a em diferentes perspectivas e trazendo à luz suas múltiplas facetas. Ao pensar o teatro, tomando-o como arte do acontecimento e da presença, procuro expandir a reflexão para o campo da filosofia teatral e defini-lo como "zona de experiência e construção de subjetividade".[128] É por esse viés, considerando os três componentes elencados por Dubatti, que se multiplicam para definir a experiência (convívio, *poiesis* e expectação), que acredito que, embora sem atores em cena, o teatro aconteça.

Acrescento o fato de estarmos tratando de cenas sem atores, com o uso de dispositivos tecnológicos que servem de interface para o acontecimento e que proporcionam a interatividade do público com a obra. Embora as duas peças em questão sejam muito distintas uma da outra, elas se complementam na reflexão sobre a poética das interfaces e revelam, mais que uma subjetividade criadora, uma prática que subverte ou coloca em questão hierarquias e prioridades. Ao menos dois desdobramentos desse fato devem ser destacados: os dispositivos como extensão dos corpos e os hibridismos entre sujeito e objeto; e as questões relativas à presença, os efeitos de presença e ausência.

Em seguida, atenho-me à questão conceitual, buscando distinguir teatro interativo e teatro participativo, afrontando os modos como os próprios artistas nomeiam suas práticas - teatro imersivo, no caso de *Pendente de voto*, e teatro de *experts* em *Situation Rooms*. Tal reflexão é essencial para o entendimento das construções dramatúrgicas que os trabalhos propõem e que apontam para uma nova forma de fazer teatro.

Por último, ressalto o contexto sociopolítico no qual estão inseridos os artistas e no qual as obras são apresentadas. Seja a partir

---

128 Jorge Dubatti. *Introducción a los estudios teatrales*. Ciudad de México: Libros de Godot, 2011, p. 34.

dos fragmentos de histórias, no caso de *Situation Rooms*, seja pela extrapolação do sistema binário de votação democrática, em *Pendente de voto*, a questão da representação política está no cerne dos trabalhos. Além do conteúdo abordado, essas questões se apresentam, inclusive formalmente, por via de opções estéticas elaboradas que, mais do que incorporar o público, o tornam parte constitutiva da obra.

Introdução às regras do jogo

Vejamos como se dão as relações do público com a obra nessas cenas não atorais. No caso de *Pendente de voto*, temos um dispositivo tecnológico – controles remotos com os quais as pessoas podem dar uma resposta afirmativa ou negativa às questões propostas – que possibilita ao público interagir com o sistema e efetivar o acontecimento. Esses controles remotos são a chave de entrada do público no jogo: toda relação acontece através desses dispositivos. Para questionar, para se posicionar, para participar, o público precisa dos aparatos, eles são extensões dos corpos presentes e, ao operarem como tais, criam uma dinâmica de interação própria que é o que define a obra. As respostas podem variar, alterando um pouco o curso do jogo. Mas o ato de votar é o cerne da questão – votar primeiramente sozinho, em seguida em duplas, depois em pequenos grupos, e finalmente dividindo a plateia em três grandes partes. Justo o voto – expressão maior da representação política – desloca o lugar da representação em *Pendente de voto*.

Ao chegarmos na sala do espetáculo, somos orientados a ocupar os assentos marcados com o número de um controle remoto, recebido logo na entrada. Em cena, algumas cadeiras vazias, microfones em pedestais, caixas de som, refletores, uma pequena mesa, mecanismos, engenhocas e, ao fundo, uma grande tela de vídeo, na qual está projetada a pergunta de número 1 – ordem do dia: *Já chegou todo mundo?* Na parte de baixo da tela, vê-se um pequeno sinal redondo verde seguido da palavra *sim* e, abaixo, o sinal em vermelho e a palavra *não*. Ainda na mesma imagem, observa-se um sinal de minutagem, marcando 00:00. Cada qual com seu controle, marcamos nosso *sim* de presença, que é acompanhado de um som/zunido que marca a intervenção ou "voto". Em seguida, observa-se a nova tela: Resultado número 1 – ordem do dia. A disposição das nossas cadeiras está projetada e conseguimos detectar onde estamos sentados e ver nosso assento marcado com o verde do *sim* e os assentos vazios marcados com o vermelho do *não*. No centro da tela aparece uma barra com a estatística: os que marcaram sim, os que marcaram não, os que se abstiveram, os bloqueados e o número total de participantes. Pronto: basta essa primeira ação, esse primeiro estímulo de uso do controle remoto, para que se estabeleça o código. A partir daí, entendemos como nos relacionar com a máquina e estamos aptos a seguir as regras que se sucederão.

Em *Situation Rooms*, recebemos o *tablet* com fones de ouvido e algumas orientações sobre o funcionamento do dispositivo. Vamos entrar pela porta que nos é designada e seguir o percurso orientado através do objeto eletrônico. A cada sete minutos inicia-se uma nova história contada por um dos vinte personagens em ambientes que replicam os contextos originais de suas narrativas. Somos também vinte pessoas no público e percorremos um roteiro que inclui a metade dos personagens. Ou seja, para assistirmos ao espetáculo completo, teríamos que participar duas vezes. O circuito é totalmente sincronizado, pois trocamos juntos de personagens e, a cada intervalo de sete minutos, temos apenas uma pessoa do público seguindo o roteiro de um dos personagens. Cruzamo-nos pelo caminho e nos ambientes criados dentro do conjunto de contêineres e, em alguns momentos, interagimos entre nós. Se nos perdermos, somos orientados a nos dirigir a alguma das portas que dão para o lado de fora da instalação de contêineres, onde uma pessoa da equipe de produção irá nos orientar a retomar o caminho. Antes de começar, nos preparamos em frente à nossa porta de entrada, seguindo as instruções que sinalizam o início.

O controle remoto e o *tablet* são dispositivos de uso cotidiano com os quais nos familiarizamos. No dia a dia, funcionam como extensões de nossos corpos para a realização de tarefas que expandem nossa capacidade física: ao usarmos controles remotos sem fio, ampliamos o comprimento de nossos braços e pernas tanto quanto expandimos nossa capacidade de memória, nossas buscas de informações e nossos modos de nos relacionarmos em rede ao usarmos o *tablet*. Quando chegamos ao teatro e nos entregam esses dispositivos, recebemos também uma mensagem subliminar: a partir de agora, você é você e uma extensão de você, um pouco mais de você. E essa extensão, esse um pouco mais, é o que foi elaborado pelos artistas, preparado, desenvolvido para criar uma situação, estabelecer uma relação: os aparatos funcionam como dispositivos relacionais.

O *tablet* permite experimentar o outro e percorrer os seus espaços de ação, perfeitamente reproduzidos no cenário. Não simplesmente assistimos a um relato gravado, pois, durante os sete minutos da experiência com um dos personagens, atravessamos suas narrativas de diferentes modos. Ora o dispositivo guia o nosso olhar através dos olhos do personagem, ora o observamos, ora somos conduzidos a executar alguma ação (abrir uma porta, hastear uma bandeira ou dar um aperto de mão) e então concretizamos em cena o que aparece para nós na tela, como ação virtual. Por meio da exploração de modos de interação e posicionamento, o público torna-se parte constitutiva do objeto. A experiência de expectar se complexifica, pois estamos inseridos em um universo virtual e concreto, circundados por outras pessoas na mesma situação. Observamos e somos observados ao mesmo tempo, porém com perspectivas diferentes. A nossa presença física em determinado espaço tem um significado para um espectador que difere completamente daquele que estamos vivenciando. Ou seja, no mesmo momento em que estamos *atuando* como um médico sem fronteiras, estudando um relatório de viagem, somos também um *personagem* da história de outra pessoa, fazendo, sem termos consciência disso, o papel de diretor de uma empresa.

Em *Pendente de voto*, em determinado momento da votação, abre-se a possibilidade de os participantes tomarem as cadeiras que estão em cena, ocupando os postos da presidência – encarregados de velar pelo bom funcionamento da sessão e moderar os debates – e do serviço de ordem (exército). A partir de então, quatro pessoas passam a ocupar tais postos e, no segundo ato, quando são abertos debates sobre as questões a serem votadas, a presidência bicéfala, composta por um homem e uma mulher, e o exército de dois membros vão interferir na moderação e organização do tempo. As regras vão aos poucos ficando mais elaboradas, mas não a ponto de surgirem dúvidas ou de atrapalharem a interação com a peça. Todas as orientações são feitas através das perguntas projetadas no telão e definidas pelos nossos votos, e é o próprio princípio de funcionamento do mecanismo que é a questão do espetáculo. O entender, aceitar, negar ou se rebelar contra o sistema é a grande chave de acesso ao jogo proposto.

Os dispositivos diferem de um espetáculo para outro e igualmente mudam as formas de interação com o público. Se na proposta de Bernat as pessoas participam interagindo diretamente entre si para votar e discutir seus pontos de vista, e o sistema computacional foi previsto para continuar de modos diferentes em relação a pelo menos duas situações distintas – quando ganha o sim ou o não –, no trabalho do Rimini o tempo é milimetricamente calculado e não há margem para mudanças no roteiro. Podemos, então, dizer que temos dois modos distintos de participação, ainda que ambos o sejam em montagens que só acontecem com o público ocupando a cena. Uma seria mais mecânica e analógica, no caso do uso dos controles remotos para votar, na qual há uma relação mais livre e inesperada entre os participantes.

A outra seria mais digital, com o uso dos *tablets*, na qual a interação entre o público é predefinida e marcada. Em ambos os casos, porém, é o jogo entre as possibilidades dos dispositivos e a presença concreta do público que resulta na experiência do espetáculo.

Em outros exemplos, como o espetáculo *Can You See Me Now?* dos ingleses do grupo Blast Theory, observamos um terceiro modo de interação: o trabalho funciona como uma espécie de *videogame*, que acontece tanto em rede quanto em um ambiente real, onde o público cria personagens virtuais, como avatares, que interagem com membros do grupo que estão correndo nas ruas. Seguidos por satélites, os corredores do Blast Theory aparecem *on-line* ao lado dos personagens virtuais criados pelo público. Nas ruas, computadores portáteis mostram a posição dos personagens virtuais para guiarem o jogo dos personagens reais, estabelecendo uma mistura entre real e virtual, usando o espaço físico da cidade como ambiente do jogo.[129] Também em diversas peças de *audiotour*, nas quais o público segue instruções ou acompanha histórias que escuta por fones de ouvido, os percursos acontecem em ambientes externos ou lugares públicos. A interação ocorre através do uso de dispositivos interativos, sem a presença de atores. Trata-se de propostas que incluem a efemeridade e o imprevisível, ao deslocar o público de um espaço de cena fechado e delimitado para que transite em ruas, parques, praças ou siga percursos que passem por hospitais, centros comerciais, estacionamentos, cemitérios, igrejas etc.

Não faltam exemplos de interação do público via dispositivos tecnológicos, e o provável é que cada vez mais surjam propostas que explorem essas possibilidades, pois no teatro, tanto quanto

---

129 A esse propósito, ver Maryvonne Saison. *Les théâtres du réel, op. cit.* Saison vê nas práticas híbridas que conformam o novo teatro a mais completa rejeição da reprodução da realidade, ao menos nos moldes realistas, e a busca de mecanismos de intervenção direta no real, ou até mesmo de sua anexação, seja pela incorporação de não atores aos espetáculos, seja pela escolha de espaços públicos.

na vida, vamos constituindo nossas novas subjetividades, incorporando diferentes tipos de extensões aos nossos corpos. Portanto, é sem muito alarde que esse teatro, definido como de imersão, participativo ou interativo e que se abstém da presença de atores, vem se instalando na cena atual. E sem maiores esforços as regras dos jogos são assimiladas pelo público.

Eu-controle-remoto, eu-*tablet*: os fenótipos estendidos no teatro

Do ponto de vista evolutivo, podemos relacionar essa capacidade de assimilação ao replicador que surge apenas em ambientes constituídos por mentes comunicativas complexas, que Dawkins define como meme. Um meme deve ser visto como uma unidade de informação do cérebro, que tem uma estrutura que fica armazenada em qualquer meio físico que a mente utiliza para guardar informação. As consequências e manifestações dos memes no mundo exterior são os chamados efeitos fenotípicos, que se manifestam em forma de palavras, música, imagens visuais, gestos faciais ou manuais, capacidades como abrir latas etc. Eles são percebidos pelos órgãos sensitivos de outros indivíduos e podem ser gravados como uma cópia (não necessariamente exata) do meme original no cérebro receptor. A nova cópia do meme[130] está, então,

---

130 Embora Dawkins tenha inventado o termo específico *meme*, ele não afirmou que a ideia em si era inteiramente nova. John Laurent sugeriu que o termo pode ter sido derivado do trabalho de um biólogo alemão menos conhecido, Richard Semon, que em 1904 publicou *Die Mneme* (que teve sua versão em inglês em 1924, *The Mneme*). E o que nos parece mais interessante é que Laurent encontrou o termo *mneme* em *The Life of the White Ant* (1926), de Maurice Maeterlinck, que por sua vez afirma tê-lo tomado emprestado de Semon. *Mneme* parece derivar do verbo grego *mimneskesthai*, que significa lembrar, e vem de Mnemosine, a deusa grega da memória. É certo que Dawkins aprofundou a pesquisa sobre os memes, reivindicando que eles deveriam ser abordados como estruturas vivas, não apenas metaforicamente, mas tecnicamente. Sua contribuição extrapola o campo das ciências naturais para enriquecer as reflexões sobre a cultura e a arte. Ver

pronta para transmitir seus efeitos fenotípicos, e novas cópias podem ser feitas em outros cérebros. Assim como "os genes se propagam no *pool* gênico saltando de corpo em corpo via espermas ou óvulos, os memes se propagam no *pool* mimético saltando de cérebro em cérebro por um processo que, no sentido mais amplo, pode ser chamado de imitação".[131] Constituiriam, assim, uma unidade de propagação da evolução cultural.

O conceito de meme de Dawkins é a célula-base para a construção do conceito de fenótipo estendido, que parece uma interessante ferramenta para pensar sobre os dispositivos tecnológicos usados nos espetáculos. A ideia do fenótipo estendido é justamente que os efeitos fenotípicos de um meme podem ampliar-se no meio ambiente, ou seja, não estão limitados ao corpo de um organismo. São, portanto, extensões dos corpos, mas não qualquer tipo de extensão, são as que são especificamente capazes de replicar um efeito fenotípico que altere alguma propriedade do organismo. Para ilustrar, Dawkins usa o exemplo das barragens, e por consequência dos lagos, feitos pelos castores. As barragens são consideradas fenótipos estendidos, pois são adaptações para o benefício dos replicadores que estatisticamente têm uma influência causal na própria construção. O que interessa é que as variações nos replicadores têm uma conexão causal nas variações das barragens de modo que, passadas gerações, os replicadores associados às boas barragens sobrevivem no *pool* de replicadores, enquanto os replicadores associados às más barragens, não. As barragens são uma adaptação tanto quanto o são as caudas dos castores, e é a ideia de covariação que define o efeito fenotípico. Podemos dizer que o *tablet* e o controle

John Laurent. A Note on the Origin of 'Memes'/'Mnemes'. *Journal of Memetics*, v. 3, 1999, pp. 14-9.

131 Richard Dawkins. *O gene egoísta*. Belo Horizonte: Itatiaia/São Paulo: Edusp, 1979, p. 214.

remoto funcionam como fenótipos estendidos dos nossos corpos, no sentido de que seu uso altera um modo comportamental que, por sua vez, altera os dispositivos e replica-se de modo a construir nossa evolução cultural.

Ao entendermos os aparatos tecnológicos como fenótipos estendidos, assumimos tais dispositivos como adaptações dos corpos, tão agentes da evolução quanto os genes. O corpo expandido, híbrido, maquínico, distancia-se cada vez mais da dialética sujeito/objeto, diluindo-se num contexto de "cossujeitos", caminhando para tornar-se um transumano em construção. Para Merleau--Ponty, o corpo é tanto objeto quanto sujeito – *j'ai un corps/je suis mon corps* (tenho um corpo/sou meu corpo) – "meu corpo não é somente meu, meu corpo sou eu".[132] O corpo subjetivo não é somente uma coisa, um objeto, mas sim uma permanente condição da experiência, uma abertura perceptiva para o mundo. O corpo expandido, protético e alterado incorpora o objeto e situa-se além da dialética binária, complexificando a questão da visibilidade e divisibilidade do sujeito.

O teatro que se propõe sem atores não prescinde, todavia, da experiência e da presença. Os dispositivos ocupam lugar fundamental na cena e trazem uma existência plausível de estabelecer "convívio, *poiesis* e expectação". A teatralidade, nesses casos, se dá na interface do público com a obra artística, via extensões do seu corpo. O *tablet* e o controle remoto tornam-se sujeitos, amplificando e modificando quem os incorpora, ao mesmo tempo em que dotam a subjetividade artística concebida para estabelecer relações. A presença do artista se dá através do público, que, ao interagir com o jogo, amplia sua subjetividade, incluindo e tornando-se o outro/a obra/o objeto.

---

132 Tradução da autora para: *Mon corps n'est pas seulement à moi, mon corps c'est moi.*

Teatro de imersão, teatro de *experts*, teatro interativo

Sentados nas nossas cadeiras numeradas em *Pendente de voto*, munidos do controle remoto, lemos as questões que aparecem na tela e, de repente, estamos conversando com as pessoas ao nosso redor, trocando ideias e impressões. O voto não é secreto e logo percebemos quem vota como nós, quem vota diferente. Em um segundo momento, passamos a votar em duplas definidas por maior semelhança dos votos da fase inicial e, portanto, temos que negociar nosso voto com um outro. Na sequência, as questões passam a ser discutidas em público e alguns microfones distribuídos na sala definem o espaço da fala. Um primeiro olhar sobre essa cena evocaria um espaço de coautoria, ressaltando o caráter de interatividade do público que vota em um teatro de imersão, como o diretor define sua prática. Vamos nos ater a essas três ideias interligadas – coautoria, interatividade e imersão – à luz dos apontamentos da filósofa Anne Cauquelin em seu livro *Fréquenter les incorporels* (Frequentar os incorporais, 2006), que, ao revisitar os estoicos para clarear o conjunto da arte contemporânea e do ciberespaço, ajuda-nos a *compreender*[133] o teatro contemporâneo que requisita dispositivos tecnológicos para incorporar o público em cena.

Considerando que o virtual caracteriza um sistema produtor de conexões e nos distanciando da tendência ao realismo, que pensa por objetos e imagens de objetos, podemos imaginar a interatividade mais fácil e corretamente:

---

133 "Pois compreender não é apenas recolocar um conceito na sua caixa original, mas fazê-lo funcionar para nós agora. Compreender é fazer funcionar, colocar em movimento." Tradução da autora para: *Car comprendre, ce n'est pas tant replacer un concept dans sa case d'origine que le faire fonctionner pour nous, maintenant. Comprendre c'est faire marcher, mettre en mouvement* (Anne Cauquelin. *Fréquenter les incorporels: Contribution à une théorie de l'art contemporain*. Paris: Presses Universitaires de France, 2006, p. 12).

A interatividade, ou trabalho *entre* e *nas* relações que são elas mesmas os *entre-vários*, é portanto um trabalho aprofundado. Ela se distingue do que poderíamos chamar, paradoxalmente, um trabalho de superfície: a imersão.[134]

A ideia de imersão ligada às novas tecnologias é, portanto, recente; e o aparecimento do teatro imersivo data dos anos 1990, ainda que reconheçamos dispositivos mais antigos que podem ser definidos como "imersivos" *a posteriori*.[135] Esse teatro reforça uma ideia recorrente de reposicionamento do público, de movimentação, criando situações que podem ser tanto contemplativas quanto interativas. Para Cauquelin, a imersão "designa a entrada de um visitante no espaço virtual em que consiste uma obra interativa e a ação que pode acontecer nesse espaço".[136] O termo imersão evoca "o batismo, a iniciação ao novo mundo subaquático e surreal que é o *cyber*-mundo da interatividade".[137] Cauquelin afirma, ainda, que considerar a imersão como elemento mais significativo e determinante do que a interatividade é um erro, pois, além de restabelecer a noção da perspectiva espaço-temporal da qual o

---

134 *Ibid.*, p. 113. Tradução da autora para: *L'interactivité, ou travail* entre *et* sur *des relations qui sont elles mêmes des* entre-plusieurs, *est donc un travail de fond. Elle se distingue de ce qu'on pourrait appeler, paradoxalement, un travail de surface: l'immersion.*

135 Para Marcel Freydefont, o teatro que se diz imersivo surge na década de 1990 e é associado à ideia de um espaço utópico, constituindo um tipo de representação que oscila entre o espaço real e o imaginário. No seu artigo ele enumera, no entanto, trabalhos mais antigos que poderiam ter a mesma classificação, como os espetáculos de Meyerhold. Cf. Marcel Freydefont. Les contours d'un théâtre immersif (1990-2010). *Agôn.* Lyon: ENS de Lyon, 2010. Disponível em: <http://agon.ens-lyon.fr/index.php?id=1559>. Acesso em: 10 jan. 2011.

136 Anne Cauquelin. *Fréquenter les incorporels, op. cit.*, p. 113.

137 *Ibid.*, p. 114.

ciberespaço é desprovido, a interatividade introduz a prática da discutível noção de coautoria.

Todavia, a noção de interatividade parece tomar outra conotação quando nos referimos ao teatro, muito provavelmente por causa da carga negativa do conceito de teatro interativo, que nos remete a uma situação em que alguém do público será exposto a *contracenar* com os atores. Dizer que uma peça é interativa é "colocar o público para correr", como bem diz Bernat.[138] Porém, a sua ideia de imersão – *imergir em um mundo desconhecido* – parece aproximar-se do conceito de interatividade desenvolvido por Cauquelin, conforme podemos observar em uma das orientações do manual que Bernat desenvolveu para os seus espetáculos:

> O preço a pagar para jogar será o de fazer parte de um dispositivo que te parecerá estranho à primeira vista. Você será *imergido* em um mecanismo cujos objetivos você ignora e cujas obrigações você receia. Você deverá obedecer, conspirar ou, em uma versão perversa da equação, obedecer conspirando. Mas, em todos os casos, você deverá pagar com o seu próprio corpo e se engajar.[139]

Para finalizar seu manual, Bernat reivindica o conceito de participação contrapondo-o ao de observação, restringindo a possibilidade da contemplação no seu teatro:

138 Em conversa informal na Oficina Cultural Oswald de Andrade, São Paulo, em 6 abr. 2015.

139 Tradução da autora para: *Le prix que tu devras payer pour jouer sera de faire partie d'un dispositif qui dans un premier temps te semblera étranger. Tu seras immergé dans un mécanisme dont tu ignores les objectifs et dont tu crains les obligations. Tu devras obéir ou conspirer ou, dans une version perverse de l'équation, obéir en conspirant. Mais, en tous les cas, tu devras payer de ton propre corps et t'engager* (Roger Bernat. *Mes spectacles, mode d'emploi* – anexo ao programa de sala).

> Enfim, menos uma instrução do que um consolo, segundo o físico Archibald Wheeler: o universo, de uma maneira estranha, não existe graças à participação dos que participam? O ato vital é o ato da participação. A participação é o novo conceito inegável oferecido pela mecânica quântica. Ele substitui o termo "observador" da teoria clássica, que designa o homem que se sente seguro atrás de um vidro espesso.[140]

Ainda no manual de instruções, observamos pelas orientações que essa participação se dá através da corresponsabilidade, circunscrita ao público no tempo e espaço da ficção, no momento em que desempenha o papel de um *avatar*, assumindo uma identidade para ser o herói da história.

Enquanto Bernat, em um primeiro momento, parece sublinhar o papel do público como participante que divide a responsabilidade da peça com os autores, alguns artistas virtuais reivindicam justamente o fim da ideia de coautoria. Sob essa perspectiva, o público faz parte da criação, com suas contribuições que de algum modo expandem a obra, mas prever a participação faz parte da criação do autor. Sendo assim, como precisa Maurice Benayoun:

> Dizer que os participantes são coautores é não compreender o que é a obra. Eles são os visitantes [...] A obra é o conjunto do dispositivo, incluindo a participação

140 Tradução da autora para: *Enfin, moins une instruction qu'une consolation, selon le physicien Archibald Wheeler: l'univers, d'une manière étrange, n'existe-t-il pas grâce à la participation de ceux qui participent? L'acte vital est l'acte de participation. La participation est le nouveau concept irréfutable offert par la mécanique quantique. Elle remplace le terme "observateur" de la théorie classique qui désigne l'homme qui se sent en sécurité derrière un épais verre* (Anexo ao programa de sala).

das pessoas, as regras que determinam o processo de
evolução [...] O golpe do espectador coautor é uma mis-
tificação pseudodemagógica lamentável.[141]

A imersão que se pretende compartilhada cria uma ilusão que
esconde a verdadeira natureza da relação do espectador com a
obra. Quando, por exemplo, o público sopra e evoca a imagem
da pluma que voa, na obra *La plume et le pissenlit*, de Couchot
e Bret,[142] o dispositivo é usado como meio para a execução de
uma imagem poética no sentido lírico da palavra. Porém, a questão que ora se coloca é a de tratarmos o dispositivo não como
meio, mas como agente da ação criativa, portador de sua própria
poética. Reivindica-se, por parte dos artistas criadores de obras
interativas, o lugar de agentes das interfaces, e não o de facili-
tadores de um meio que propicie a construção de uma imagem,
questionando justamente os limites entre ficção e realidade. Tal
reivindicação legitima a autoria das obras e chama atenção para
a peculiaridade da interatividade no caso do teatro. Isso porque,
ao considerarmos que o teatro tradicional acontece justamente
no que se passa entre o ator e o público e que, no caso de espetáculos sem atores, tal relação se passa no público e entre o público,
observamos que há uma alteração no nosso modo de percepção
entre real e ficcional.

---

141 Benayoun, 2004, *apud* Anne Cauquelin. *Fréquenter incorporels, op. cit.*, p. 115.
Tradução da autora para: *Dire que les participants sont des coauteurs, ce n'est pas
comprendre ce qu'est l'oeuvre. Ce sont des visiteurs. [...] L'oeuvre est l'ensemble du
dispositif incluant la participation des gens, les règles qui déterminent le processus
d'évolution [...] Le coup du spectateur coauteur est une mystification pseudo-déma-
go lamentable.*

142 Edmond Couchot e Michel Bret criaram várias instalações digitais nas
quais o público sopra a tela e a pena (*plume*) ou o dente-de-leão (*pissenlit*) voam.
La plume (1988) e *Le pissenlit* (1990) foram exibidos tanto separadamente como
em conjunto.

A alternância de estados de realidade e ficção, delineada em espetáculos com atores, nos quais o embate com o real se dá pelo choque com os corpos fenomenológicos em cena e pelo uso de espaços não teatrais, cria situações liminares,[143] e a frequência e velocidade de tais alternâncias provocam multiestabilidades perceptivas. Fischer-Lichte debruça-se sobre tal aspecto para entender o deslocamento entre a ordem de representação, onde "tudo é percebido em função de um personagem ficcional particular",[144] e a ordem de presença, na qual "o corpo do ator é percebido em sua fenomenalidade, naquilo que constitui o seu estar-no-mundo particular".[145] As variações de tal deslocamento buscam desestabilizar o olhar do público, tirando-nos da zona de conforto de relações previsíveis para nos lançar em diferentes estados de instabilidade.

Nos espetáculos sem atores com interatividade por uso de dispositivos, a alternância entre real e ficção desloca-se da relação "corpo fenomenológico do ator x ficção" ou "espaço real x espaço fictício". A ordem de presença em cena se dá, antes de tudo, através do corpo do público. É pelos nossos corpos e em nossos corpos que toda imagem se constrói ou se dissipa. Os aparatos tecnológicos que possibilitam que diferentes camadas de realidade se entrelacem nos fazem mergulhar em um espaço onde as referências não são mais o acontecimento ao vivo propiciado pelo contato real entre artista e público. Altera-se o modo como nos conectamos com a obra, os limites passam a incluir o que acontece no espaço virtual e surgem novas possibilidades de deslocamento para nossas subjetividades:

143 Victor Turner. *The Ritual Process: Structure and Anti-Structure*. London: Transaction, 1969.

144 Erika Fischer-Lichte. *The Transformative Power of Performance, op. cit.*, p. 20.

145 *Ibid.*, p. 21.

Com a interatividade e a entrada em cena da interface, os dois domínios, realidade e ficção, não são mais tão bem divididos. Mais que isso, eles se interpenetram, e a ficção - a capacidade de imaginar na ausência do objeto - talvez não esteja onde imaginamos. Ela não está mais do lado do sujeito, que se autorizava a criar as formas (no caso do artista) ou a interpretá-las (no caso do espectador) de acordo com a sua própria subjetividade, e a comunicação entre o criador e o espectador não se faz mais de sujeito a sujeito [...]. Do lado do artista, é o programa que exerce a função poética - abstração e simplicidade são seus atributos. Do lado do visitante, ao entrar no espaço virtual por uma interface, ele é conduzido a abandonar sua tendência à interpretação poética, para seguir as restrições ficcionais do dispositivo abstrato do sistema. Trata-se, pois, [...] de uma transformação por causa do *dispositivo*, não das *disposições* particulares dos sujeitos.[146]

---

146 Anne Cauquelin. *Fréquenter les incorporels, op. cit.*, p. 128. Tradução da autora para: *Avec l'interactivité et l'entrée en scène de l'interface, les deux domaines, réalité et fiction, ne sont plus aussi nettement partagés. Bien plus, ils s'interpénètrent, et la fiction - la capacité d'imaginer en l'absence de l'objet - n'est peut-être pas là où on l'attend. Elle n'est plus du côté du sujet, qui se croyait autorisé à créer des formes (quand il est artiste) ou à interpréter (quand il est spectateur) selon sa propre subjectivité, et la communication entre le créateur et le spectateur ne se fait plus de sujet à sujet. [...] Du côté de l'artiste, c'est le programme qui porte la fonction poétique - abstraction et simplicité sont ses atouts. Du côté du visiteur, en entrant dans l'espace virtuel par une interface, il est conduit à abandonner sa prétention à l'intérprétation poétique, pour suivre les contraintes fictionnelles du dispositif abstrait du système. Car [...] il s'agit d'une transformation due au dispositif, non aux dispositions particulières des sujets.*

Não nos parece, todavia, que Bernat desconheça a propriedade poética do mecanismo. Muito pelo contrário, em *Pendente de voto* ele extrapola as possibilidades do sistema, usando-as para fazer convergir o conteúdo com o uso dos dispositivos, o que nos leva a ler seu manual de instruções com olhos atentos à sua ironia. O artista como que busca capturar o público usando a isca de uma imagem fictícia em trechos do seu manual: "será com suas respostas ou com seu silêncio que o espetáculo tomará sua forma".[147] Já sabemos que a forma do espetáculo é programada pelo artista, que prevê os modos possíveis da participação do público, e essa participação é nada mais que um dos elementos que constituem sua obra. Mas esse e outros chamados do manual de instruções que seguem o mesmo princípio são as falsas pistas que conduzem o público por uma via que, em seguida, se mostrará inútil. É o *explicar para confundir* que é vivenciado como experiência na obra artística. Sabemos, porém, que a participação do público é uma importante camada dramatúrgica do espetáculo. Não no que diz respeito à mudança da forma proposta pelo artista, mas pela interferência na cor e na intensidade com que tal forma se apresenta.

No caso de *Situation Rooms*, a ênfase para a categorização do tipo de teatro proposto pelos artistas recai sobre os personagens que aparecem na tela do *tablet*, não sobre o dispositivo em si. O coletivo Rimini Protokoll trabalha com o que definem como *experts* – pessoas fazendo o mesmo papel que fazem na vida real, seguindo a tradição dos *ready-made*, ou *found actors* (*acteurs trouvés*, em alusão aos *objets trouvés*), como salienta Lehmann.[148] Observamos que muitos dos espetáculos que colocam em cena atores *ready-made*

---

147 Roger Bernat, *Mes spectacles, mode d'emploi, op. cit.*

148 Hans Thies-Lehmann. Theory in Theatre? In: Miriam Dreysse; Florian Malzacher (org.). *Experts of the Everyday: The Theatre of Rimini Protokoll*. Berlin: Alexander, 2008.

tratam de histórias reais ou personagens reais, trabalhando um certo tipo de narrativa linear; ou, ainda, pinçam figuras reais, com suas exuberâncias, fraquezas, deformidades e esquisitices, para compor suas imagens. A escolha deliberada pela reapropriação, seja de pessoas ou objetos, difundiu-se a partir de Duchamp e no teatro com Kantor, e está presente em grande parte da produção artística, incluindo o teatro contemporâneo. E na atualização para o termo *expert*, como Malzacher indica ao pontuar a mudança de *ready-made* – usado quando Kaegi fazia parte do grupo Hygiene Heute – para *expert*, usado pelo Rimini Protokoll,[149] nossa atenção volta-se para dois aspectos. Primeiramente, para a recorrência de espetáculos do coletivo Rimini Protokoll nos quais as profissões e especialidades dos personagens são o próprio assunto da peça. As atendentes de *call center* indianas, da peça *Call Cuta*, eram realmente atendentes de *call center* exercendo a função de atendentes de *call center*, ainda que seguindo um roteiro definido pelos artistas. Os ex-policiais de *Chácara Paraíso* ou os comerciantes de *Lagos Business Angels* também seguem a mesma lógica. Ou seja, eles são chamados a exercer na peça a mesma função social que exercem na vida, mostrando, justamente, suas *expertises*.

Em segundo lugar, chama a atenção o fato de que a ideia de atores *ready-made* nos remeta, muitas vezes, a não atores colocados em cena dentro de um contexto artístico que não seja obrigatoriamente ligado às suas funções na vida real. Eles estão em cena não exatamente para expor sua *expertise*, mas para comporem uma cena ou uma imagem que pode nos remeter a uma história ou situação completamente diferente de suas funções sociais. Seria o que Malzacher chama de colocar *objetos* em cena, em contraponto à ideia de trabalhar com as subjetividades dos *experts*.

Essas sutis diferenças apontam para uma cena que tem se multiplicado em propostas e que busca, na sua reflexão, aproximar-se

149 *Ibid.*, p. 37.

ao máximo de conceitos e definições que deem conta de seus desdobramentos. Os artistas não economizam em seus usos e reúsos, procurando a cada vez os melhores modos de autodefinir seus trabalhos. A performance do Rimini Protokoll, *House Visit Europe* (2015), é definida pelo grupo como teatro de imersão, pois acontece com 15 participantes, em salas de apartamentos privados, colocando em contraste a abstrata ideia da Europa por meio de um dispositivo que mescla histórias pessoais com mecanismos políticos europeus. Esse trabalho não conta com *experts* em cena, tampouco com atores *ready-made*, pois as 15 pessoas que participam são o próprio público, aproximando-se da proposta de Roger Bernat em *Pendente de voto*.

Embora a definição de teatro de *experts* em *Situation Rooms* seja uma referência direta aos personagens, o dispositivo através do qual a obra acontece é fundamental na discussão do seu conteúdo. Isso nos leva a pensar que talvez melhor do que conceituá-lo como teatro de *experts* seria recorrer ao conceito de teatro interativo, revisitando-o a partir dos seguintes preceitos:

- O tempo é encurtado e as distâncias eliminadas. Temos uma compactação de informações e vários lugares distintos coabitando o mesmo espaço;
- O trabalho de preparação e edição das histórias feitas pelos artistas visa "captar, dar forma às relações, modificá-las, jogando e dando-lhes uma presença sensível".[150] A presença cênica é construída através da relação de cada pessoa do público com o aparato proposto pelo artista. O público faz a ficção tornar-se real, concreta, pois sem que os mecanismos sejam acionados não há conexões e, portanto, não há imagem construída;
- A situação é revista pela simultaneidade de personagens agindo no mesmo espaço-tempo. Tem-se a noção concreta de

150 Anne Cauquelin. *Fréquenter les incorporels, op. cit.*, p. 113.

que o espaço da obra é ocupado por outros visitantes que estão na mesma situação de descoberta e construção dos personagens distintos da trama;

– O modo presente do presente é acionado: "o passado será evocado ou o futuro vislumbrado como formas do presente".[151] No espaço interativo existem as relações que acontecem no momento da conexão, a realidade virtual se concretiza apenas quando colocada em ação, sem partir de um passado nem pretender construir um futuro.

Definir o tipo de teatro de que estamos tratando não me parece essencial para nos aproximarmos das obras, sobretudo porque qualquer certeza conceitual apodítica nos distanciaria da natureza especulativa que a reflexão sobre o contemporâneo aporta. Todavia, ao esboçarmos algumas premissas para a definição de teatro interativo, deparamo-nos com a questão da participação, cuja análise aponta para o cruzamento de duas tendências diferentes que se somam na busca de uma relação mais direta com o público.

De um lado, podemos falar de obras participativas e, de outro, de obras interativas. Em seu livro *Artificial Hells*[152], Claire Bishop repensa a história da arte no século XX através das lentes do teatro, focando em uma tríade de viradas sociais decorrentes de momentos históricos distintos em que as respostas artísticas potencializaram o coletivo. O livro é organizado em torno do conceito de participação, focando obras concebidas a partir da década de 1990 nas quais as pessoas são o meio material artístico central,

---

151 Eleonora Fabião. Corpo cênico, estado cênico. *Revista Contrapontos*, v. 10, n. 3, pp. 321-6, set.-dez. 2010, p. 322. Disponível em: <http://siaiap32.univali.br/seer/index.php/rc/article/view/2256/1721>. Acesso em: 10 jun. 2014.

152 Claire Bishop. *Artificial Hells: Participatory Arts and the Politics of Spectatorship*. London: Verso, 2012.

tanto no teatro quanto na performance. E, sob o guarda-chuva de obra participativa, engloba tendências como arte socialmente engajada, arte colaborativa, arte contextual, *littoral art*, *dialogic art* etc. A escolha da autora pelo termo "participativo" em vez de "interativo" se dá justamente pelo fato de o primeiro envolver muitas pessoas, contrariamente ao conceito de interatividade, que remete à ideia de *one-to-one*. Tal opção elucida nossa reflexão e, portanto, torna oportuno discorrermos sobre a ideia de participação *x* interação.

Os três momentos históricos aos quais Bishop se refere para sua contextualização são as vanguardas europeias em torno de 1917, as novas vanguardas que culminaram em 1968 e a queda do comunismo em 1989, que estão diretamente ligados ao triunfo, à última resistência heroica e ao colapso de uma visão coletiva da sociedade. Cada fase foi acompanhada de um pensamento utópico sobre a relação da arte com o social e seu potencial político, reconsiderando os modos de produção, consumo e reflexão sobre a criação artística. Os trabalhos que a autora analisa a partir da década de 1990 são focados em processos que envolvem comunidades locais, ações sociais e empoderamento de parcelas marginalizadas da população. Em tais trabalhos, a ideia de projeto sobrepõe-se ao produto final acabado e os artistas assumem o papel de mediadores e propositores de situações, muito mais do que autores de determinada obra.

Já os trabalhos de teatro interativo que aqui observamos parecem vir de outro lugar. Não mais da busca por uma obra coletiva como reação social a determinadas situações políticas, mas de uma motivação estética, proveniente de uma linhagem de artistas de teatro que, no decorrer do século XX, travou um embate com a representação dramática e não cessa de experimentar meios de quebrar o drama, desconstruir a cena, rever os espaços teatrais e incorporar o público. Deve-se ressaltar, porém, que tal motivação estética não impede que se trate de temas sociais e políticos. Aliás, se há uma convergência entre o teatro participativo e o teatro interativo do Rimini Protokoll e de Roger Bernat, ela se dá justamente na inquietação política e social que os trabalhos abordam. O fato de Bernat afirmar que o ato vital é o ato da participação não quer dizer que o seu espetáculo possa ser considerado teatro participativo. Ao nos aproximarmos das obras participativas citadas por Bishop, conseguimos ter mais clareza das diferenças primordiais que definem cada campo. Ainda que obras interativas possam ser de fato participativas, ou que trabalhos participativos possam fazer uso da interatividade, a diferença entre uma proposta de obra aberta e processual, com a participação do público ou de pessoas de determinados grupos convocados de alguma forma para o trabalho, e uma proposta de obra já totalmente concebida, mas que para acontecer requer a participação do público, define dois caminhos artísticos distintos.

A diferença entre o coletivo e a relação um a um não é necessariamente uma dicotomia a somar-se aos dualismos positivo/negativo, bom/ruim, popular/elitista etc. As relações intersubjetivas que se criam nas obras interativas podem ser tão ou mais potentes que os modelos de criação em processos coletivos. Definir os campos do teatro interativo e do teatro participativo nos ajuda no debate sobre a tendência de engajar o público em obras teatrais. Nossa opção de definir *Pendente de voto* e *Situation Rooms* como teatro interativo não exclui as qualificações de teatro de imersão e teatro de *experts* propostas pelos artistas. A interatividade define um tipo de imersão em que se requer a participação do visitante e os *experts* fazem parte da elaboração dramatúrgica da obra interativa. Mas o conceito de teatro interativo parece conseguir abranger um número maior de obras que preveem a participação do público em suas experiências estéticas e conceituais, incluindo, na composição dos espetáculos, subjetividades alheias às dos artistas. Portanto, ao analisar a questão da perspectiva de quem cria as obras, a interatividade é justamente uma abertura para o outro.

Experts on/Experts off

Em *Situation Rooms*, a realidade do mercado de armas é colocada em uma moldura, enquadrada sob a perspectiva dos artistas e apresentada ao público em forma de espetáculo. Trata-se de uma realidade pinçada e editada, que é deslocada de seu contexto original para ser apresentada em um contexto artístico. Uma suspensão da realidade, que difere dos casos em que há a presença real dos *experts* em cena, já que temos uma situação em que essa presença se dá através do *tablet*. Pois quando temos a presença real em cena, seja de um ator representando um papel teatral, de um ator *ready-made* representando a si mesmo ou de um ator *expert*, temos a sensação da sua ausência em outra parte.

Esse entendimento faz parte do nosso arsenal corriqueiro de percepções – sabemos que o profissional ator que está em cena não está em outro lugar, assim como o dentista que está atendendo não está senão em seu consultório. O que é, de certa forma, intrigante é que, terminada a peça, esvai-se o personagem, que no próximo dia volta a estar presente ou, ainda, que se personifica através de outros atores. Ou seja, a existência do personagem é textual, mas quando ele está em cena ele não deixa de estar no texto. Ele pode multiplicar-se em quantas forem as montagens simultâneas da mesma peça e não é o fato de estarmos assistindo a determinada montagem de *Hamlet* em um teatro que nos impede de conceber que outros *Hamlets* estejam sendo apresentados concomitantemente.

No espetáculo *Eraritjaritjaka* (2004), de Heiner Goebbels, em determinado momento o personagem principal sai de cena e é filmado por uma câmera que acompanha seu percurso enquanto as imagens são projetadas ao vivo em um telão no fundo do palco, e uma banda de músicos ao vivo continua executando a trilha sonora da peça. Pelo vídeo, acompanhamos o ator, que entra em um carro em frente ao teatro e segue até sua casa, abre a porta e entra, prepara ovos mexidos, janta, e em seguida vai ler jornal. Entendemos que o ator, que até pouco tempo antes estava em cena, foi para casa e segue sua vida normal, mas o estranhamento advém do fato de que nós continuamos no espaço-tempo do teatro. É como se o dentista tivesse nos abandonado de boca aberta no seu consultório e ido embora para sua casa. Só que um pouco diferente, pois o que é apresentado para nós na obra de Goebbels é a ausência do personagem em contraposição à presença real, projetada, do ator.

No caso da presença do ator *ready-made* ou *expert* em cena, experimentamos sensação distinta. Aquele fragmento de realidade apresentado significa a ausência do próprio acontecimento como fato real. Para estar em cena, a pessoa não está, justamente, onde ela representa estar, ou não é o que ela representa ser. Bem diferente de um filme documentário no qual as pessoas são filmadas *in loco*. Ao assistirmos a um documentário, temos o entendimento de que aquele foi um registro de determinado momento e, quando estamos assistindo ao filme, não estamos "roubando" a presença física dos personagens de sua realidade. Já no teatro de atores *ready-made* ou de *experts*, quando há a presença dos atores em cena, ocorre, em contrapartida, a nossa certeza quanto à sua ausência física no seu espaço de vida.

Assim como o mictório de Duchamp foi retirado do banheiro para ser exposto no museu, essas pessoas foram retiradas de seus ambientes para serem colocadas em cena. Com a diferença de que o mictório é um objeto reproduzível, e a sua ressignificação está no seu reposicionamento, portanto no deslocamento de seu lugar e função. Ou seja, ao nos depararmos com o mictório em um museu, não questionamos a ausência dele em determinado banheiro. O banheiro não deixou de ser banheiro porque o mictório foi levado para o museu. Já com os atores *ready-made* e *experts*, esta é toda a questão: o fato de eles estarem em cena faz que, no período de sua ausência, o ambiente que eles representam simplesmente não exista. Eles representam justamente a sua própria ausência.

DISPOSITIVO

No espetáculo *Situation Rooms*, tal mecanismo é mais complexo. Por um lado, no momento em que o público interage com a obra, os atores não estão presentes em cena, a não ser através dos vídeos a que assistimos pelo *tablet*. Porém, tais vídeos não foram filmados em seus espaços originais, mas sim em um cenário que reproduz fragmentos desses espaços, em uma disposição de um conjunto fictício. Para a montagem dos filmes do espetáculo *Situation Rooms*, vários agentes ligados ao mercado mundial de armas foram acionados. Interessavam aos autores os diferentes pontos de vista sobre o tema, portanto eles se dedicaram a encontrar vinte pessoas provenientes de diversos países, exercendo distintos papéis sociais. Buscaram empresários da indústria bélica, soldados, médicos, advogados, traficantes e pacifistas, entre outros. Uma vez definido o *elenco*, houve o período de trabalho conjunto com todos – dois meses de ensaios e gravações. Este encontro, bastante improvável na vida real e cotidiana de cada um dos participantes, caracteriza por si mesmo uma suspensão, um deslocamento do real. O real, neste caso, é representado pela vida dos *experts*/personagens.

Assistindo ao vídeo dos bastidores de *Situation Rooms*, deparamo-nos com uma sequência perturbadora: a última cena da gravação dos "personagens", quando estão todos os participantes juntos no cenário e, logo em seguida, o espaço esvaziado vai sendo preenchido pelo público que começa a percorrê-lo, munido dos *tablets* com as gravações dos "personagens". A partir desse momento, os protagonistas/personagens se fazem presentes através dos corpos do público. Essa estranha sensação do último dia de preparação da peça, seguida do espetáculo com o público, faz aportar a estranheza da ausência.

Há na estrutura do espetáculo uma secura e frieza que são impostas pela forma, delimitando os cortes da realidade em iguais intervalos de tempo, com indicações de posicionamento que aparecem como ícones no canto da tela e com a precisão da cenografia e dos vídeos. Mas o que vai se tornando mais marcante e forte no decorrer dos setenta minutos é a sensação de falta – como se quiséssemos um pouco mais de uma história – ou o desejo de entender melhor o antes e o depois de algum fato relatado, ou, ainda, o de saber de alguém que cruzou rapidamente a história e se foi. E, de certo modo, a sensação de ausência que a sequência do *making of* provoca coroa e explicita tal mecanismo: os personagens reais estavam no cenário, onde desenvolveram e filmaram suas sequências, prevendo a interação com o público, e depois partiram. O espaço esvazia-se de gente até o momento da chegada do público, que se mune de *tablets* e vai percorrer o cenário do mesmo modo que cada personagem, seguindo o mesmo trajeto, abrindo as mesmas portas. O trecho do vídeo perturba, pois a sensação de ocupação do espaço é particular. Entra-se no objeto, dá-se corpo ao objeto, vive-se o ser o objeto. A cada vez que entra um grupo de vinte pessoas, a máquina vai funcionar do mesmo modo, no mesmo intervalo de tempo, e depois vai se desligar.

As histórias coletadas remetem à ideia de um arquivo sobre o mercado internacional de armas composto por uma seleção de peças, nunca por todas, mas por determinado conjunto de informações organizado por um grupo de artistas, que ganhará o sentido que lhe der o público. As atuais ideias de arquivo tratam-no não no sentido de um montante documental, mas justamente no entendimento da falta que ele implica, na presença das descontinuidades e contradições. O importante, como salienta a historiadora Arlette Farge, é que "utilizar o arquivo hoje é traduzir essa falta em questão":[153]

> Com certeza há meio, pela simples escolha das palavras, de produzir abalos, de desmentir evidências, de inverter o habitual fio indulgente do conhecimento

153 Arlette Farge. *O sabor do arquivo*. São Paulo: Edusp, 2009, p. 58.

científico. Com certeza há meio de ir além da restituição morna de um acontecimento ou de um objeto histórico, marcando lugares onde o sentido se desfez, produzindo ausência lá onde reinaram certezas.[154]

A falta ou ausência são, no teatro, os espaços para a imaginação do público. Goebbels, ao falar sobre a sua ideia de Teatro da Ausência, menciona a criação de espaços intermediários, espaços de descobertas que podem ser, por exemplo, um centro vazio, apenas ocupado pela perspectiva do público. "Apenas a ausência cria o espaço para que o espectador possa intervir na obra."[155]

O dispositivo em *Situation Rooms* possibilita os efeitos de presença, a experiência da ausência e o acesso a nós mesmos de um modo particular. Os *experts estão* lá, mas não em primeiro plano. O teatro interativo propõe-se a partir de conexões e desloca o real, não no sentido de replicar realidades ou desvelar mundos que não conhecemos, mas em nós, onde o real se constitui e ganha sentido. Opera-se, então, um ligeiro deslocamento do real, uma suspensão, que nos permite voltar os olhos para nós mesmos, para o corpo coletivo instaurado no espaço-tempo do teatro. E talvez seja justamente nessa *discronia* que o teatro se faça contemporâneo, considerando a instigante reflexão de Agamben, para quem a contemporaneidade "é uma singular relação com o próprio tempo, que adere a este e, ao mesmo tempo, dele toma distâncias".[156]

154 *Ibid.*, p. 118.

155 Em palestra proferida no Itaú Cultural, dentro da programação da Mostra Internacional de Teatro, São Paulo, 2015.

156 *Apud* Arlette Farge. *O sabor do arquivo, op. cit.*, p. 59.

A mão na caneta vale o mesmo que a mão no arado

Na delicada empreitada de reconstituição do complexo negócio internacional de armas, os integrantes do Rimini Protokoll apostam na desconstrução de um discurso linear, criando um sistema descentrado. Cada pessoa do público começa o percurso por um personagem diferente, sendo que todos têm o mesmo tempo de fala. Não há, aparentemente, hierarquia entre as vozes e a totalidade é formada por estratos. Ao passarmos de personagem a personagem, perfuramos suas realidades e experimentamos ser indivíduos mutantes, capazes de assumir diferentes papéis em relação aos contextos em que estamos inseridos. Percebemos a rede que se forma com o comércio de armas por um dispositivo que, no dia a dia, nos propicia a conexão em rede.

A dramaturgia se aproxima de um sistema *rizomático*, definido por uma "circulação de estados", feita de *platôs*,[157] que se comunicam uns com os outros através de microfendas. Deleuze reconhece a existência de "agenciamentos maquínicos de desejo assim como os agenciamentos coletivos de enunciação"[158] em estruturas não lineares que prescindem de pontos culminantes de conclusão. Um agenciamento põe em conexão certas multiplicidades. No caso de *Situation Rooms*, são os campos da realidade, da subjetividade e da representação que se encontram intercambiáveis, de modo a borrar as fronteiras do fora e do dentro. Utilizando o *tablet*, vagueamos de um personagem a outro. Nessa trama, os sete minutos de cada personagem funcionam como um denominador comum a todos, um padrão que quebra as hierarquias centro/periferia, executivo/operário, pobre/rico. Cada relato conciso, em igual intervalo de tempo, pretende, citando Rimbaud, que "a mão na caneta valha o mesmo que a mão no arado".

157 Gilles Deleuze. *Mil platôs: capitalismo e esquizofrenia*. São Paulo: Editora 34, 1995, p. 43.

158 *Ibid.*, p. 34.

No decorrer do espetáculo, passamos de um ambiente a outro, abrindo e fechando portas. Saímos de uma sala de conferência na Alemanha, passamos por uma porta e entramos em um consultório médico em Serra Leoa, passamos por outra porta e estamos em uma sala de aula no Congo ou em uma cantina na Rússia. Temos uma ação física concreta, que é abrir e fechar as portas, e o ato de nos locomovermos de espaço em espaço. Em cada novo recinto, uma cenografia reproduz o ambiente original e pelo *tablet* vemos os personagens que foram filmados nos ambientes onde nos encontramos. Temos, portanto, esses recortes de realidade que são colocados lado a lado, condensados em um só local, onde as distâncias físicas são suprimidas. A rede evidencia-se, ganha materialidade e dimensão palpável. A aproximação física dos relatos escancara as relações entre, por exemplo, um traficante mexicano e um refugiado sírio, desestabilizando as conotações morais da função de cada um.

Começamos o trajeto conectados a um personagem e, ao final, acumulamos a experiência com dez diferentes pessoas. Esta somatória de sensações em cada integrante do público é percebida pelos andares, olhares, pausas, e é um relevante material cênico. A construção por narrativas distintas, sem seguir uma ordem necessária ao entendimento do roteiro, é permeada pela nossa percepção do conjunto crescente das histórias, tornando o nosso próprio corpo um componente da polifonia dos elementos dramatúrgicos da montagem. No decorrer dos setenta minutos de espetáculo, somos afetados pelos fragmentos das histórias que nos permeiam e, ao final, nosso corpo já não é mais o mesmo corpo do início.

Dar vozes às pessoas e construir uma narrativa que abrigue diferentes perspectivas sobre determinado assunto é uma forte marca do trabalho dramatúrgico do coletivo Rimini Protokoll. Kaegi atribui essa característica ao período em que trabalhou como jornalista, no qual não havia tempo para buscar fontes suficientes para redigir as notícias com suas devidas complexidades, o início de sua insatisfação com as histórias contadas por apenas um determinado ponto de vista. E não há como não nos identificarmos com esse mal-estar perante a grande mídia e o modo de comunicação hegemônico:

> Esta [comunicação] consiste na transmissão de uma representação *a priori* do outro que, mesmo quando politicamente correta, o confina num lugar identitário e neutraliza toda e qualquer potência de contaminação disruptiva – em suma, uma política de relação com a alteridade baseada numa dissociação da subjetividade em relação ao corpo vibrátil, ou seja, na desativação do exercício intensivo da sensibilidade.[159]

Com certa frequência, falta o outro justamente quando se fala do outro. Não necessariamente a presença ou a voz do outro, ainda que ambas sejam de suma importância, mas o outro em verdadeiro embate com nossa subjetividade; o outro no que de melhor ele pode nos trazer, nos desestabilizando, eliminando nossas certezas. Essa falta é o que se busca suprir em cena, num teatro em que somos provocados a nos dissecar e nos deixar desconstruir. Tal propriedade se caracterizava, no teatro da quarta parede de Diderot, pela então transformadora experiência de identificação da subjetividade, assegurada pela ideia de guardar a ficção e, portanto, procurar não deixar o real – o corpo fenomenológico do ator – sobressair em cena. Já nas experiências cênicas do final do século XX, passamos a ser recorrentemente provocados pela alternância do real e do ficcional, levando nossa observação a

159 Suely Rolnik. *Posiblemente hablemos de lo mismo*. Catálogo da exposição da obra de Maurício Dias e Walter Riedweg. Barcelona: MacBa, Museu d'Art Contemporani de Barcelona, 2003, p. 40.

oscilar entre o papel dramático do personagem e o corpo do ator, muitas vezes em estados extremos, nos desestabilizando pelo choque que tais propostas podem causar.

Em espetáculos sem atores e com o uso de dispositivos, como os do Rimini Protokoll, nossa sensibilidade é ativada por recursos alheios ao que se passa em cena, uma vez que a própria ideia de cena é desconstruída. A dramaturgia deriva de experiências reais, tratadas de modo direto. A lupa do coletivo direciona-se para assuntos polêmicos que são abordados pela grande mídia sem a devida complexidade – mercado de armas, polícia, mudanças climáticas, identidade europeia etc. E é no como fazer a voz de outros chegar ao público que o Rimini foca sua pesquisa artística.

Na proposta interativa de *Situation Rooms*, os dispositivos interfaceiam a relação cara a cara que estabelecemos com cada um dos personagens. As relações virtuais existem como conexões, pois o que há é a imagem do objeto/sujeito, e não o objeto em si. Circulamos no espaço e, durante todo o percurso, não nos separamos do *tablet*. Fones nos ouvidos – pescoço – ombro – braço – mão – *tablet* – olhos no *tablet*. Chão – escadas – pés – pernas – tronco – braços – objetos – olhos no ambiente. Tudo passa pelo nosso corpo; tudo se passa no nosso corpo.

Observamos, então, a presença e movimentação do público no espaço como importante elemento do espetáculo. E se já não podemos mais separar espaço de cena e espaço da sala, tampouco podemos nos referir ao público como um coletivo compartilhando a experiência da sala:

> O porte do fone de ouvido engendra um paradoxo evidente: enquanto a escuta teatral é tradicionalmente coletiva – o público aparece como o "grande ressonador" no fenômeno de copresença cena-sala –, os fones propiciam uma experiência privada, que fecha o ouvinte em si mesmo e o isola dos seus semelhantes,

provocando de fato uma dissolução do coletivo formado pela sala.[160]

Kapelusz atém-se à experiência da escuta coletiva formada pela sala e afirma que "as tecnologias sonoras contribuem para a individualização dos espectadores e para a dissolução do coletivo teatral".[161] De fato, a ideia de coletivo teatral talvez não seja mais um princípio que determine a experiência teatral. A este propósito, Goebbels responde com sua própria experiência como público:

> No teatro tradicional, nós nos espelhamos. Eu acho que isso é egoísta. No teatro, mesmo que haja mil pessoas, eu acho que nós estamos muito sós. Talvez estejamos muito sós na vida. No teatro eu gosto de ser confrontado comigo mesmo, gosto de ser provocado.[162]

A ideia de vivenciarmos cada singularidade, em singularidade, *propicia o confronto consigo mesmo* e, se aparentemente nos isola do restante do público, tem por outro lado a força de nos afetar e despertar de uma letargia que é muitas vezes camuflada pela

160 Anyssa Kapelusz. Quitter la communauté? L'écoute au casque dans les dispositifs théâtraux contemporains. *Théâtre public - Penser le spectateur*, n. 208, pp. 124-8, abr.-jun. 2013. Tradução da autora para: *Le port du casque audio engendre un paradoxe évident: alors que l'écoute théâtrale est traditionnellement collective - le public apparaît comme le "grand résonateur" dans le phénomène de co-présence scène-salle -, les écouteurs génèrent une expérience privée, qui renferme l'auditeur sur lui-même et l'isole de ses semblables, provoquant de facto une dissolution du collectif formé par la salle.*

161 *Ibid.*, p. 128.

162 Heiner Goebbels. *Aesthetics of Absence, op. cit.* Tradução da autora para: *In traditional theatre, we mirror ourselves. I think this is selfish. In theatre even if there is a thousand people, I think we are very much alone. Probably we are very much alone in life. In theatre I like to be confronted with myself, I like to be selfassetment* (extrato da palestra proferida no Itaú Cultural por ocasião Mostra Internacional de Teatro, São Paulo, 2015).

massa da plateia. A experiência teatral ressoa no espectador, ainda que o público não seja o grande ressonador, reforçando que "a teatralidade pertence sobretudo, e, antes de tudo, ao espectador".[163]

Parece-nos que o olhar do espectador preenche a cena: é o olhar que é conduzido através dos personagens, o que os atravessa, o que se lança em fragmentos distintos a cada sete minutos, o que se vira para dentro e o que se volta para o outro. O olhar em movimento capta o outro ao mesmo tempo em que é captado pelo que Féral e Perrot definem como efeito de presença:

> O efeito de presença é o sentimento que tem um espectador de que os corpos ou objetos oferecidos ao seu olhar (ou à sua escuta) estão realmente lá, no mesmo espaço e mesmo tempo nos quais ele se encontra, embora ele saiba que eles estão evidentemente ausentes.[164]

É na orquestração desses efeitos, no uso dos dispositivos que são nossos fenótipos estendidos – em um minucioso trabalho de construção e montagem de fragmentos de histórias e cenografia que perpassam nossos corpos a partir dos *tablets* –, que se configura a dramaturgia do espetáculo. Tudo o que importa parece estar nos espaços *entre*: entre um depoimento e outro, entre uma sala e outra, entre uma imagem que surge e outra que desaparece, entre mundos distintos. Mas está, também, entre o *tablet* e nosso olhar, entre nossa mão que segura uma caneta e a mão do personagem

---

163 Josette Féral. *Théorie et pratique du théâtre: Au-delà des limites.* Montpellier: L'Entretemps, 2011, p. 102.

164 *Ibid.*, p. 26. Tradução da autora para: *L'effet de présence est le sentiment qu'a un spectateur que les corps ou les objets offerts à son regard (ou à son oreille) sont bien là, dans le même space et le même temps que ceux dans lesquels il se trouve, alors qu'il sait pertinnemment qu'ils sont absents.*

que indica a ação, entre nossa subjetividade e a dos personagens; está, sobretudo, entre nós e os artistas. Pois é nesse modo singular de nos colocar em contato com o outro e provocar nossa percepção que o teatro respira. Não se trata de uma grande narrativa, não há linearidade, não há personagens que gerem nossa identificação ou revelem um desfecho. Mas experienciamos um complexo sistema que nos atravessa e nos afeta, que nos desperta para novos modos de relação com a obra teatral.

Falando em armas/armando-se para falar

Toda informação está disponível, em rede e em tempo real, visível em vários monitores. Diversos lugares e espaços estão conectados entre si: uma casa, um *drone* não pilotado, uma unidade de comando no Paquistão e esta pequena sala sem janelas, com uma mesa marrom e sete cadeiras de escritório, em couro preto, na cidade de Washington.[165]

A Sala de Situação cria uma situação. Onde anteriormente havia apenas informação incoerente, agora vários lugares estão conectados em espaço e tempo; não é à toa que o protótipo da Internet foi desenvolvido pelos militares.[166]

165 Tradução da autora para: *All information is available, networked in real time, visible on various monitors. Diverse sites and spaces are linked to one another, a house, an unmanned drone, a commando unit in Pakistan, and this small, windowless room with a brown table and seven black leather office chairs in Washington D.C.* (Programa da peça *Situation Rooms*, p. 11).

166 Tradução da autora para: *The Situation Room creates a situation. Where previously there was only incoherent information, now various sites are linked in space and time; it is no accident that the prototype of the Internet was developed by the military (ibid.).*

Os dois textos destacados foram extraídos do programa da peça *Situation Rooms* e discorrem sobre o dia 1º de maio de 2011, quando 13 pessoas reunidas em uma sala na Casa Branca observaram, em tempo real, com expressões atônitas, triunfantes e preocupadas, o assassinato de Bin Laden. A versão oficial afirma que, como em um jogo virtual, o comando para o ataque foi emitido de longe, de uma sala fechada, com um sofisticado aparato de conexões e tecnologia de ponta. Esse atual modelo de operação de guerra depende de um número imenso de pessoas que dominam saberes diversos, pois a "antiga guerra na qual soldados lutavam com soldados deu lugar a uma guerra que se espalha cada vez mais e que gradualmente envolve mais segmentos de nossa sociedade".[167] Há, todavia, outras versões sobre o mesmo fato que, ainda que contestadas por estudiosos e especialistas, ressoam em alta voz na mídia. O jornalista Seymour Hersh insiste que a versão da Casa Branca é uma farsa e que a operação foi executada por uma parceria entre o serviço de inteligência paquistanês e o estadunidense, para assassinar um inimigo inválido, que não representava mais perigo. Embasada por fontes nada sólidas, a tese de Hersh é, sobretudo, um sustentáculo para a teoria da conspiração: um grande império ocidental exercendo controle e manipulação sobre todos. A Al-Qaeda seria uma invenção dos estadunidenses e seus aliados para esconder seus reais objetivos geopolíticos.[168]

Independentemente do lado que se esteja e da versão que se construa, o atual estado de guerra em que vivemos é marcado

---

167 Nikolaus Hirsch. *Theatrum belli*. Programa do espetáculo *Situation Rooms*, 2013, p. 16. Tradução da autora para: *The old war in which soldiers fought against soldiers has given way to a war that increasingly spreads and gradually involves increasing parts of our society*.

168 A esse propósito, ver Demétrio Magnoli. A teoria da conspiração por trás da morte de Bin Laden. *Folha de S.Paulo*, 17 maio 2015. Caderno Ilustríssima.

pelo investimento maciço em comunicação e espetacularização de ações pontuais e, muitas vezes, individualizadas. As grandes potências envolvidas buscam estratégias de ação e reação que tenham, sobretudo, um forte impacto na mídia e na opinião pública, recaindo cada vez mais sobre os sistemas de controle da sociedade civil.

Ilustração a partir da foto de Pete Souza, chefe do Departamento de Fotografia da Casa Branca, publicada no catálogo do espetáculo Situation Rooms.

Na contramão das grandes narrativas, que alimentam a mídia e fomentam o mundo do espetáculo, a questão das armas e guerras em *Situation Rooms* chega até nós pelas suas frestas, pelas entrelinhas, pelos detalhes. Deixa-se de lado a história grandiosa e inatingível para chegar à nossa porta, ao mundo pequeno e particular dos civis que, pelas mais diversas razões, compõem a trama.

Um dos personagens de *Situation Rooms*, o cirurgião Volken Herzog, integrante da organização Médicos sem Fronteiras, faz um relato aterrorizador: "Estas mutilações cara a cara [referindo-se a pessoas que foram mutiladas com armas brancas] me impactaram fortemente, e mais do que um ferimento de tiro. Talvez as lesões causadas pelos *drones* de guerra teriam me tocado ainda menos, visto que não há contato pessoal entre a vítima e o atacante".[169] As ações de guerra em massa, via dispositivos como *drones*, parecem uma ação de *videogame*, ou algo que vem de outra instância que não a humana, e suas consequências tendem a chocar menos do que as ações cara a cara. O que se passa no corpo a corpo, na troca de olhares, é o que choca. O que acontece por meios binários e inumanos parece não conter a mesma sordidez das antigas formas de guerra. A consequência que advém da banalização, higienização e espetacularização dos atuais combates é que o estado de guerra deixa de ser um estado de exceção.

Os protagonistas da guerra mudaram e "o espaço da guerra também foi transformado. A lógica desse novo teatro de guerra é colateral e assimétrica",[170] contribuindo para reforçar os eixos de poder baseados nos interesses das nações hegemônicas, em busca de minerais e acessos geográficos estratégicos.

Em *Situation Rooms*, o teatro de guerra é desconstruído. No lugar da sala de situação da Casa Branca, os artistas propõem várias salas situacionais, cada uma legitimando o espaço dos diferentes personagens:

> Quinze salas que reconstroem a arquitetura global de guerra: um hospital militar, uma rua em Homs, um cibercafé na Jordânia, um cemitério mexicano, uma estação de controle de *drones* e um terraço no Paquistão,

169 Tradução da autora para: *These face to face mutilations had a severe impact on me personally, and more than a gun shot wound. Perhaps injuries administered by war drones would touch me even less because there is no personal contact between victim and attacker* (Fonte: vídeo de Christine Cynn, 2013. Arquivo privado do coletivo Rimini Protokoll).

170 Nikolaus Hirsch. *Theatrum belli*. Programa do espetáculo *Situation Rooms*, cit. Tradução da autora para: *As the actors of war have changed, the space of war has also been transformed. The logic of this new theater of war is collateral and asymmetrical.*

um escritório na Arábia Saudita, uma feira de armas
em Abu Dhabi, uma sala de conferências em Berlim,
uma usina nuclear iraniana, o clube de *hackers*, o escritório de um fabricante de armas, o campo de treino
dos atiradores, uma sala de aula no Sudão do Sul, uma
sala de produção de armas, uma sala de pedidos de asilo
na Alemanha, uma cantina na Rússia, uma tenda de
operação em Serra Leoa, a sala de conferências da sede
da organização Médicos sem Fronteiras em Paris. Cada
sala de situação desenvolve sua própria lógica de ação.
Cada uma abre seu próprio microssistema.[171]

Esse labirinto espacial exibe uma razão própria. Cada situação,
cada envolvimento são plausíveis em si e, da perspectiva dos
experts, parecem lógicos e racionais. A nova guerra monstruosa-
mente inteligente do século XXI está em toda parte e, na coletânea
do Rimini, através dos relatos dos personagens, nos deparamos
com pequenas pistas que indicam como o sistema se engendra nos
detalhes, nas simples observações do cotidiano:

> Você pode comprar estas etiquetas no Afeganistão, duas
> por um euro. Se você for ferido, o médico sabe exata-
> mente de qual tipo de sangue você vai precisar.
>
> Em missão, eu sempre tento parecer um soldado. De

---

171 *Ibid*. Tradução da autora para: *15 rooms that reconstruct the global architecture
of war: a military hospital, a street in Homs, an internet café in Jordan, a Mexican
cemetery, a drone control station and a terrace in Pakistan, an office in Saudi Arabia,
a weapons fair in Abu Dhabi, a conference room in Berlin, an Iranian nuclear plant,
the hacker club, the office of an arms producer, the shooting range of the marksmen,
a schoolroom in South Soudan, a weapons production hall, an asylum-seeker in
Germany, a cafeteria in Russia, an operating tent in Sierra Leone, the conference
room at the headquarters of Doctors without Borders in Paris. Each situation room
develops its own logic of action. Each one opens its own microsystems.*

longe não faz diferença se você está carregando uma arma ou uma máquina fotográfica. Eu não valho mais do que os outros só porque ando com uma máquina fotográfica. Você é sempre um alvo.[172]

Maurizio Gambarini, fotógrafo de guerra (Alemanha)

Assim, tenta-se parecer um soldado e não um fotógrafo, observa-se o uso da etiqueta que marca o seu tipo sanguíneo, enquanto outros cuidam em dizer o mínimo possível. No varejo, as estratégias de autodefesa não diferem muito das estratégias às quais recorremos em situações cotidianas conflituosas mas não necessariamente de guerra. Em *Situation Rooms*, reconhecemos os efeitos da guerra que também batem à nossa porta, ainda que não estejamos diretamente ligados à rede, e que nos convidam a refletir sobre o potencial bélico do sistema sócio-político-financeiro no qual estamos inseridos.

A trama vai sendo construída em camadas, por adição. Começamos por um personagem, em seguida passamos a outro e daí a outros. Vamos nos locomovendo no espaço e preenchendo-o com as camadas narrativas desses personagens, não só com o que vemos e escutamos, mas também com os nossos movimentos, nossas ações e a relação cada vez mais complexa com os outros integrantes do público. Temos a impressão de ir preenchendo o espaço até um ponto em que ele nos parece cheio demais – das sensações que vamos acumulando e do cruzamento com as sensações dos outros. Somos vinte pessoas nos movendo em um espaço sem música nem som ambiente, cada qual com o seu fone de

---

172 Tradução da autora para: *Vous pouvez acheter ces badgets en Afghanistan, deux pour un euro. Si vous êtes blessé, le docteur sais exactement le type de sang que vous aurez besoin. En mission j'essaie toujours d'avoir l'air d'un soldat. Vu de loin ça ne fait pas de différence si tu portes une arme ou un appareil photo. Je ne vaux pas plus que les autres seulement parce que je me balade avec un appareil photo. Tu es toujours une cible* (Fonte: vídeo de Christine Cynn, 2013., cit.).

ouvido (incluindo momentos sem som), e nos deslocando quase ao mesmo tempo. Ou seja, muita coisa acontece em um silêncio no qual ouvimos apenas nosso ato de nos deslocarmos. Apesar de o tempo de cada personagem durar sempre sete minutos, percebemos uma aceleração e tensão maior no final. Isso porque cada período vai sendo mais preenchido por nós, em uma construção dramatúrgica tridimensional, orquestrada de modo a fazer convergir todos os elementos em prol do assunto abordado.

A temática de *Pendente de voto* é a evidência de que estamos em embate com o sistema, que não nos dá trégua, que é hegemônico, ainda que vista roupagens democráticas. Buscamos desesperadamente uma saída, um respiro ao menos, que nos permita vislumbrar uma sobrevida e a continuidade de um projeto includente:

> *Pendente de voto* tenta ser esta última praia. Não a versão falsa de um verdadeiro debate parlamentar, mas a verdadeira versão do falso debate atual. Não a ficção da política, mas a política da ficção: personagens verdadeiramente políticos contra os verdadeiros personagens políticos: ou política verdadeira contra toda forma de *realpolitik*.[173]

O espetáculo tem uma dinâmica crescente que vai se construindo pelo modo de votar - inicialmente individual, em seguida em duplas, depois em grupos, até chegar a uma pessoa respondendo pela sala. O som da votação, um tipo de zunido de máquina, instaura uma espécie de ritual que pontua o tempo. A partir do momento em que são abertas as discussões sobre as questões e que

---

173 Fratini, 2012. Tradução da autora para: *Pending Vote/Pendiente de voto tente d'être cette dernière plage. Non pas la version fausse d'un véritable débat parlementaire, mais la vraie version du faux débat actuel. Non pas fiction de la politique, mais politique de la fiction: personnages véritablement politiques contre les véritables personnages politiques: ou politique véritable contre toute forme de realpolitik.* Texto sem título no programa do espetáculo.

os integrantes que compõem a presidência definem se a discussão precisa de mais tempo ou não, são os sons que nos indicam que terminamos uma discussão e voltamos a votar.

Na estreia do espetáculo em São Paulo, na programação do projeto Multitude,[174] o público se rebelou contra a estrutura da peça, que acabou se estendendo por mais de três horas. Em um artigo no jornal *Folha de S.Paulo* intitulado "Peça interativa sobre a democracia quase termina em 'revolução'", o jornalista Rafael Bago relatou a experiência:

> Durante a passagem por São Paulo, uma produção teatral que simula uma democracia esteve perto de terminar com uma revolução feita pelo público, que usava controles remotos para dar sua opinião. Na montagem espanhola *Pendente de voto*, os espectadores são convidados a votar sobre diversos temas, como a possibilidade de barrar atrasados ou universalizar o aborto. A proposta da peça, que funciona como uma espécie de jogo, é fazer a plateia experimentar o funcionamento de um parlamento. A sessão que foi marcada por desentendimentos ocorreu no Sesc Pompeia na sexta (6). Na segunda parte do espetáculo, circulam microfones para que as pessoas argumentem sobre seus pontos de vista. A pergunta "O Estado brasileiro deveria restituir as terras aos povos amazônicos para que possam declarar sua independência?" exaltou os ânimos. Alguns participantes defenderam que a palavra "independência" devia ser trocada por "autonomia" e tentaram convencer todos a se abster da votação caso a mudança não fosse feita. Eles se

---

174 Projeto artístico transdisciplinar que dialogou com o conceito de multidão de Antonio Negri e Michael Hardt. Realizado no Sesc Pompeia de 30 de maio a 10 de agosto de 2014, com cocuradoria da autora e de Lucas Bambozzi.

levantaram e foram até o local onde estavam os organizadores pedir a mudança. Quando a equipe disse que as questões não poderiam ser editadas, várias pessoas se revoltaram e tentaram convencer todos a abandonar a peça, pois se sentiam "manipuladas pelo sistema". Também foi defendida a ideia de que quem não votasse com a maioria seria banido da sala. Em seguida, alguns espectadores se sentiram injustiçados por terem de dividir seu voto com outra pessoa, deixaram os assentos e foram protestar no centro do espaço. [...] O impasse durou mais de 20 minutos. A independência dos índios foi negada pela maioria quando finalmente foi a voto. Depois disso, muitos dos cerca de 70 espectadores deixaram a sessão.[175]

Reação parecida já havia acontecido em uma apresentação na Espanha, mas sem ter sido tão radical. É muito provável que o que possa explicar o ocorrido seja o fato de que a maioria das pessoas que assistiram ao espetáculo naquela noite tinha vindo de um dos encontros do Multitude, "O outro canibal", com a participação do líder Yanomami Davi Kopenawa e da fotógrafa Cláudia Andujar. O debate havia ocorrido em uma arena aberta e provocado muitas discussões. A parcela do público que estivera no evento já entrou na sala de espetáculo imbuída da discussão anterior e, em muitos casos, com os reflexos de discussões dos dias anteriores, de uma programação que debatia temas ligados à arte e ao conceito de multidão desenvolvido por Negri. No início das exaltações, percebíamos nitidamente a parcela do público que havia chegado apenas para o espetáculo e aqueles que já estavam juntos anteriormente; mas, aos poucos, as tendências foram se

---

175 Rafael Bago. Peça interativa sobre a democracia quase termina em "revolução". *Folha de S.Paulo*. São Paulo, 11 jun. 2014. Disponível em: <http://fotografia.folha.uol.com.br/galerias/26023-peca-pendente-de-voto>. Acesso em: 14 jun. 2014.

misturando e, em dado momento, uma grande confusão tomou conta do espaço.

Foi surpreendente ver uma obra teatral despertar no público uma reação de verdadeira revolta, no caso contra a equipe técnica que estava operando os aparatos (som, luz, sistema de votação e traquitanas). Pode-se relacionar essa experiência a casos de peças em que atores que representavam determinado papel em cena, ao saírem na rua depois do espetáculo, foram rechaçados pelo público, como se fossem os personagens. Não podemos imaginar um teatro de representação que aborde a história da constituição da democracia e que tenha tal força de arrebatar o público. Ao menos nunca havíamos testemunhado algo parecido, o que nos leva a acreditar que, apesar de não haver ator algum na cena de *Pendente de voto*, o público vivenciou um instigante processo de identificação.

O tema da peça, bastante atual, revela-se certeiro em um espetáculo que gira em torno do exercício da democracia, em tempos nos quais o sentido de tal palavra parece cada vez mais apagado do imaginário dos políticos. Mas o modo de abordá-lo, a estrutura na qual o espaço dos atores é oferecido ao público, a poética construída com a mistura de questões políticas e outras de cunho mais lúdico, a interface através de um dispositivo simples e de uso cotidiano, e as traquitanas e máquinas de fazer, de tempos em tempos, o impossível – nevar na sala de teatro – são os elementos que fazem com que não só o assunto, mas também a forma de apresentá-lo sejam capazes de discutir o que nos é contemporâneo. Ao focalizarmos as teorias sociopolíticas que discutem o momento atual, observamos que há uma convergência para a abordagem de um período de transição, no qual uma organização social mais horizontalizada procura brechas para se impor, criando redes e conexões que possibilitam a expressão e articulação dos mais diversos grupos, expandindo novas práticas e modelos organizacionais. O teatro atento a essas mudanças não teria como deixar de apresentar suas propostas para ampliar nosso leque de experiências.

Nesse contexto, muitas criações cênicas voltam-se para questões político-sociais, seja abordando as condições políticas de modo mais direto, em suas temáticas e locais de apresentação, seja elaborando memórias, depoimentos e inserindo não artistas em cena. Explicita-se o caráter heterogêneo da multidão nos teatros do real e nas apresentações em *site-specific*, volta-se o foco para o público, que assume papel fundamental na cena, apresenta-se o homem com todas as suas monstruosidades e deformidades, experimentam-se realidades virtuais. Detonamos o uno em prol do múltiplo, guardando as singularidades, os detalhes, as individualidades. Inclinamo-nos, junto com Ileana Diéguez Caballero, a considerar:

> os fluxos entre a arte e a vida num duplo sentido: não apenas a partir das transformações que a arte veio colocando em nossa vida contemporânea, como também incluindo, muito especialmente, as mutações e contaminações que o espaço do real e as práticas cidadãs introduziram no campo cada vez mais expandido da arte e de todos os sistemas de representação.[176]

O que move os artistas de *Pendente de voto* e *Situation Rooms* são as inquietações em relação ao mundo em que vivemos. Como bem observa Sílvia Fernandes, o desejo do real não é mera investigação de linguagem, "ele parece testemunhar a necessidade de abertura do teatro à alteridade, ao mundo e à história, em detrimento do fechamento da representação, predominante na década

---

176 Ileana Diéguez Caballero. Cenários expandidos. (Re)presentações, teatralidades e performatividades. *Revista Urdimento*, n. 15, out. 2010, p. 136.

de 1980".[177] Mais precisamente, o incômodo do coletivo alemão concentra-se não apenas no crescimento do mercado internacional de armas, mas no quanto esse assunto vai se banalizando. Falar em armas não é mais pensar em campo de guerra. É pensar em escritórios em grandes centros, em feiras especializadas, em ações, em conferências, em organizações pacifistas, em fábricas de munições etc. O dispositivo do Rimini desdobra essas camadas e nos apresenta nuances dessa complexa rede. Adentramos portas diferentes, traçamos percursos distintos, mas não há ordem nem hierarquia que organizem esse mercado multiétnico, transnacional e socialmente diversificado. Por onde quer que comecemos, vamos nos emaranhando na trama. A opção por trazer, através do público, os personagens que eles conseguiram mobilizar, sem julgamento, sem didatismo, sem dramatização, é antes de mais nada um modo de ver e compartilhar o mundo.

De modo bem diferente, no espetáculo catalão, observamos uma superexposição do sistema, um esgarçamento em tempo condensado com o qual nos identificamos por indignação, por resignação. O artista toma partido, explicita seu ponto de vista. Nós permanecemos até o final, irritando-nos ao reconhecer os mecanismos de poder e suas falsas promessas, que vão aos poucos sendo desvelados. Mas temos também nossos momentos de descanso – votamos por uma música ou outra, fazemos nevar na sala, rimos de algumas questões *nonsense*. Ressentimo-nos um pouco quanto ao que se passa na Espanha e, mais especificamente, em Barcelona, na Catalunha: a insurgência de movimentos visando destituir o governo direitista, uma classe artística e intelectual agindo contra o pensamento das grandes corporações em relação a instituições como o Museu de Arte Contemporânea de Barcelona ou arquitetos propondo projetos colaborativos de ocupação da cidade. O teatro não poderia ficar de fora. Artistas como

177 Sílvia Fernandes. Experiências do real no teatro, art. cit., p. 4.

Angélica Liddell e a Agrupación Señor Serrano propõem um trabalho sempre provocativo e inquieto. Bernat soma-se a essas vozes.

Se em *Situation Rooms* é o dispositivo que propicia uma cena mais horizontalizada, em *Pendente de voto* é a temática em si que aborda questões de representação política. Mas, em ambos os casos, é a provocativa experiência direta que chega até nós pela interação com os dispositivos e que tem a potência de tirar nossos "pés um pouco fora do chão",[178] ou a potência de nos arrebatar usando os aparatos de nosso cotidiano, de interferir justo no nosso íntimo. E são justamente as ausências, nessas peças, que nos dizem muito e reafirmam o teatro em sua maior vocação: a de refletir sobre o humano.

---

178 John Cage. *De segunda a um ano*. São Paulo: Hucitec, 1985, p. 98.

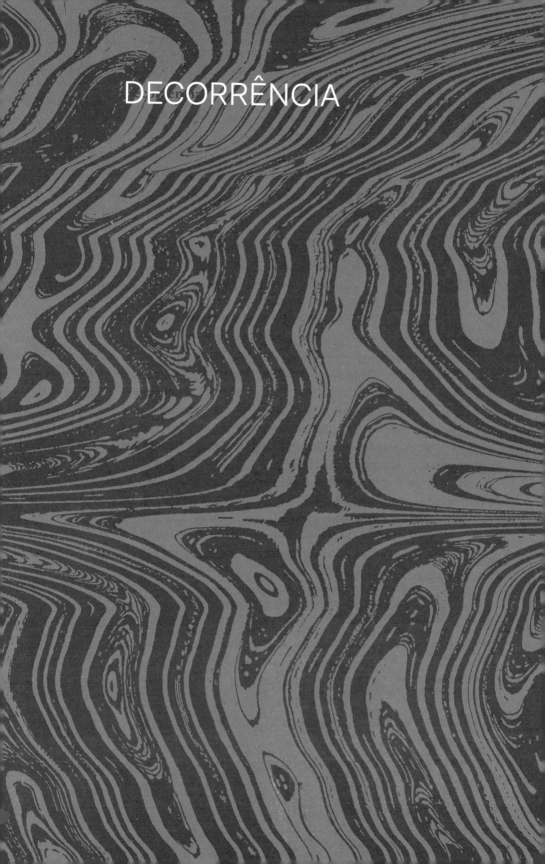
DECORRÊNCIA

> A fim de cumprir com todos os nossos
> compromissos, precisamos de mais ouvidos e olhos
> do que tínhamos originalmente. Além disso, os que
> tínhamos estão ficando gastos.
>
> John Cage, *Conferência sobre o compromisso*

Utopia, experiência e dispositivo acenam na produção teatral, pontuando tendências e servindo de referência para nos aprofundarmos em suas análises, sugerindo também caminhos a continuar traçando na reflexão sobre o teatro. As fronteiras da cena teatral aqui apresentada são fluidas e, portanto, as partes em que dividimos a reflexão proposta não podem ser consideradas definições rígidas. Mas, por mais que convenha esgarçá-las e, assim, deixar que ideias e conceitos se contaminem, vale também ressaltar suas especificidades. A amostragem do presente recorte aborda a crítica ao capitalismo e ao iluminismo, a releitura do mundo moderno, a ecologia, a temática dos sem-teto, do sistema de representação democrático, do mercado internacional de armas; enfim, aponta questões que permeiam nosso dia a dia e tangenciam as disputas de poder que marcam nosso momento histórico. A forma teatral apresenta um leque variado de escolhas estéticas que resultam em espetáculos com texto, sem texto, em interação com o público, com atores ou *performers*, com não atores, de produções simples, outras complexas, universos sonoros elaborados ou propostas de sonoridade precária, para citar apenas alguns dentre tantos aspectos.

Destacamos a utopia como um dos eixos da produção teatral contemporânea. O fazer teatral requer energia suficiente para que só se mantenham no ofício aqueles que acreditam construir algo. Referimo-nos mais especificamente aos espetáculos que apresentam uma visão um pouco mais global do estado das coisas, peças que em si dão conta de um certo leque ou espectro de tempo, ou acontecimentos que propiciam uma abordagem mais ampla do momento atual. Os que desbravam tais caminhos o fazem, seguramente, por vislumbrar de algum modo, ainda que difícil e tortuosamente, a possibilidade de algum escape. Por assim ser, recorremos à ideia de utopia, não de uma utopia idílica, mas de uma utopia contemporânea, que visa construir espaços concretos. Mas quais espaços? Antes de mais nada, espaços na nossa imaginação, que desafixem nossas mentes contaminadas pelo excesso de luzes que nos ofuscam. Incluímos os espetáculos que nos oferecem diferentes perspectivas que ampliam nosso olhar sobre o atual estado das coisas colocando-nos em questão, apontando críticas ao antropocentrismo.

Observamos que a experiência ganhou um novo valor e, por mais estranho que pareça, falar o óbvio parece fazer sentido. O que difere o mundo da informação da possibilidade de experiência é um limite intangível e variável, a nosso ver, muito em função do contexto. Focamos em um espetáculo cujo entendimento de experiência passa pela vivência dos próprios artistas e do compartilhamento de tal vivência com o público. Porém, o campo é mais vasto e merece pesquisa específica. Podemos observar, por exemplo, que os espetáculos documentários que usam a técnica de *verbatim theatre* têm ganhado novos adeptos, expandindo as fronteiras do mundo anglo-saxão, onde surgiram nos anos 1990. Do ponto de vista da interpretação, vimos a discussão sobre um ator reproduzir exatamente a fala de uma pessoa da vida real ser muito bem colocada no filme *Jogo de cena*, de Eduardo Coutinho. Joga-se justamente com a dúvida entre o que é real e o que é ficção para, em última instância, questionar até que ponto um documentário pode ser considerado fidedigno à realidade. No teatro, tal jogo é constantemente relançado, mas o lugar de fala agrega outras camadas de sentido aos espetáculos. Não nos interessa apenas saber se um ator está representando do modo mais realista possível alguma pessoa do mundo real, mas também a razão que o levou a interpretar tal papel.

Diante do mundo em crise, voltam-se os artistas ao embate direto com o real, trazendo-o ao palco de modos distintos. O lugar de onde se fala, nesses casos, tem um peso não negligenciável. Em termos de compartilhamento de experiências, é bem diferente um espetáculo do suíço Milo Rau, que, recorrendo ao *verbatim theatre*, questiona o trabalho de ONGs que prestam serviço na África, sob o ponto de vista de uma suíça, ex-colaboradora voluntária, de um espetáculo da sul-africana Ntando Cele, ela mesma negra, radicada na Suíça, abordando estereótipos racistas. Não estamos nos referindo a pesos e medidas relacionados à real questão que se coloca, mas ao fato de que o virtuosismo de uma atriz representando como se fosse ela a voluntária da ONG difere da atriz negra que desenvolve uma estética para falar de seu próprio problema. Não é o caso aqui de abrirmos tantas outras variáveis dessa vertente, mas de reafirmarmos a experiência como uma questão fundamentalmente ligada ao posicionamento dos artistas que têm proposto trabalhos nesse âmbito. Seria talvez o caso de discutir modos distintos de trazer realidades para a cena. Por um lado, os espetáculos que, ao tratar de realidades de outrem, recorrem a mecanismos que evidenciam uma cisão entre sujeito artístico e objeto temático. Por outro lado, artistas que expõem suas próprias realidades, a partir das quais buscam meios estéticos de compartilhamento com o público. Tal questão indubitavelmente esbarra na discussão sobre o direito de fala: alguém que não é refugiado pode falar por um refugiado? Um refugiado pode ser inserido em um espetáculo de terceiros? Sob quais condições?

O ponto que nos parece interessante na discussão teatral é observarmos que a guinada em direção ao real, ou a irrupção do real em cena, trouxe consigo uma mudança fundamental na relação com o público. Vamos ao teatro não mais em busca de atores e espetáculos que nos contem muito bem uma história, desobrigados de nos revelar o porquê de suas escolhas. O embate com o real em cena nos trouxe o questionamento da verdade do que se conta e, mais que isso, da verdade por que se conta. A experiência ou o compartilhamento da experiência é, antes de mais nada, o revelar da verdade do artista. Em tempos de perda generalizada de valor da verdade, não é de espantar que seja justamente essa a qualidade que busquemos no tempo que passamos em uma sala de teatro, compartilhando a experiência que nos é proposta. Assim sendo, o que nos interessa no espetáculo do Mapa Teatro não é o fato de Heidi e Rolf serem ou não serem habitantes do Cartucho para poderem falar do apagamento do bairro. Importa-nos, muito, a verdade de ambos em relação ao fato. É, portanto, na construção cênica dessa verdade que reside a potência do trabalho. Ou seja, os artistas compartilham conosco seus posicionamentos, suas verdades, suas escolhas, através do processo de demolição do bairro. Portanto, o que chamamos de experiência é o compartilhamento de uma verdade, com construções de modos diversos, que ocupa lugar importante na cena atual.

Finalmente, outro aspecto que ressaltamos como característica ou tendência do teatro contemporâneo é o uso de dispositivos em cena. A Geração Z está chegando à maioridade, o que comprova que, em termos tecnológicos, estão entrando no mercado de trabalho os nativos digitais, que já nasceram zapeando entre canais de TV, internet, *videogames* e telefones. Ou seja, avança o número dos que cresceram usando prioritariamente as telas como interface com o mundo. Tal fato ilustra um recente comportamento que muito rapidamente se instalou de modo amplo e geral nas nossas vidas – o avanço tecnológico que oferece ferramentas de extensão dos nossos corpos, múltiplas interfaces e automatismos. Nosso modo de ser, de nos relacionar, de nos posicionar está mais próximo dos mecanismos de jogo: curtir ou não curtir, copiar e colar, "linkar" etc. E no teatro temos visto cada vez mais criações que aportam a interatividade com o público através de dispositivos. Curiosamente, os verbos em inglês e francês *to play* e *jouer* dão conta perfeitamente de nomear essa nova tendência em que o público é literalmente colocado para jogar em cena. No Brasil, experiências desse tipo ainda não são muito comuns, provavelmente em função de nossa insanável defasagem tecnológica e da pouca ênfase que damos ao ensino e difusão de novas tecnologias no teatro junto à tradição de narrativa e representação que marca nossa cultura. Todavia, a crescente produção nesse campo indica que tal tendência deve se expandir e marcar um novo tipo de teatro, com a efetiva participação do público sendo explorada de modos diversos.

O ator em cena, até pouco tempo considerado peça fundamental do espetáculo, já não é mais condição para o fazer teatral. A hegemonia do texto vem sendo desconstruída desde que o teatro passou a assumir um caráter mais performativo, mas a eclosão de peças não atorais é fenômeno mais recente. De certo modo, podemos dizer que muito do que se produz hoje é fruto do que tem sido apontado desde as vanguardas teatrais do início do século XX. Ou seja, não é questão de tratarmos o teatro contemporâneo como algo novo ou como um movimento revolucionário em relação a um modo de fazer precedente. Pelo contrário, é possível traçar uma linhagem artística que, desde o pronunciamento da morte do teatro em função da chegada do cinema, foi se libertando da função puramente representacional de personagens a reproduzirem histórias como se fossem verdade e partiu para uma busca de outras propriedades teatrais. Temos assim uma história de aproximadamente cem anos que nos precede com uma miríade de ricas experiências cênicas, diferindo, obviamente, em lugares e tempos distintos, mas apontando para a busca do que, afinal, é a teatralidade.

Todavia, o recente salto no desenvolvimento tecnológico e a democratização do acesso a novas tecnologias possibilitaram inovações na linguagem até pouco tempo inimagináveis. Ou poderíamos dizer que, para satisfazer o desejo de criar uma linguagem inaudita, fez-se necessário buscar tecnologias apropriadas. Dispositivos incorporam-se tanto no palco quanto na plateia, criando novos modos de relação e interação arte/público. Ao mesmo tempo, o acelerado avanço dos meios de comunicação e redes sociais mudou radicalmente nossa relação com a informação – somos bombardeados de notícias de todo tipo por via de uma rede cada vez mais direcionada aos interesses políticos, ideológicos e comerciais de grandes corporações e, num lapso muito curto de tempo, passamos a viver em um mundo virtualmente controlado, que até ontem mesmo parecia existir apenas em ficção. Não por acaso, as temáticas desse teatro são diretamente ligadas a tal contexto e à reflexão sobre o percurso que nos trouxe até onde estamos. Para abranger as questões do mundo contemporâneo, surgem novas formas de dramaturgia, calcadas na profusão de elementos que incluem imagens, sons, objetos, vídeos, controles remotos, *tablets* e o público.

Parece-nos que o grande desafio é criar modos de elaborar traços desse fazer, visto que, em muitos casos, não podemos mais contar com o texto dramático como guardião de um tempo e modo de ser que de tempos em tempos volta à cena, trazendo à tona a magia do encontro com o que fomos. Como, então, deixar vestígios do que somos para os que estão por vir, além dos que ficam mesmo à nossa revelia? Temos, é claro, a crescente possibilidade de registrar os espetáculos em vídeo, fotos e áudio, com indubitável qualidade. Desconfiamos, porém, que a grande quantidade de material imagético produzida tende a nos paralisar e atordoar, e imaginamos que em breve nos perderemos em arquivos infindáveis, consequência do excesso de registros que temos produzido. Mas, sobretudo, sabemos que assistir a uma peça em vídeo não se aproxima nem de longe da experiência teatral.

Recorremos a assistir a um espetáculo em vídeo quando queremos materializar em imagens comentários ou análises a que tivemos acesso em pesquisas, ou ainda para sanar alguma curiosidade que foi suscitada, normalmente de espetáculos passados. Fazemos isso tanto sozinhos, na intimidade de nossas casas, quanto em grupos restritos, de trabalho ou estudo. Assistimos aos vídeos também em espaços coletivos, públicos ou privados, como em museus, mostras e exposições sobre algum aspecto teatral em que os vídeos de registro ocupam espaço importante nas narrativas. Cada vez mais teatros e companhias teatrais disponibilizam vídeos de seus espetáculos, tanto no formato de DVD quanto *on-line*, além de experiências de *streaming*. E não podemos nos esquecer das sessões de exibição de vídeo de espetáculos em salas de cinema ou teatro que ganham um pouco de fôlego de tempos em tempos, sem, todavia, resultar em uma tendência significativa, apesar de ter importância no que diz respeito à formação de público e divulgação dos trabalhos. Uma notável experiência nesse sentido foi justamente o reverso do processo, com a montagem de *Hamlet* do Wooster Group, dirigida por Elisabeth LeCompte, a partir do registro de *Hamlet*, de Richard Burton, de 1964, captado ao vivo por 17 câmeras e em seguida editado e exibido por apenas dois dias, concomitantemente, em mais de mil salas de cinema espalhadas pelos Estados Unidos. LeCompte criou sua versão da peça projetando o filme ao fundo e colocando os atores em primeiro plano, replicando a representação do que se passava na tela. Aportou-se, assim, o caráter teatral, dando novo sentido ao que era registro videográfico do espetáculo.

Tal experiência serve bem para ilustrar o que se perde quando se almeja gravar um espetáculo. Pois o que escapa ao vídeo é justamente a mais cara qualidade da teatralidade: o acontecimento em tempo e espaço insubstituíveis, junto ao público. E nos referimos ao espaço independentemente de ser uma grande sala de teatro com plateia numerosa, um pequeno apartamento para público restrito, uma mesa de bar para dois, uma praça ou um percurso nas ruas da cidade com fones de ouvido. O que define o acontecimento é o que se passa no espaço proposto pelo artista, compartilhado com quem participa. E são justamente o hiato e a efemeridade que se perdem com a mediação da câmera e fazem com que as tentativas de registro dos espetáculos tendam ao empobrecimento ou mesmo à impossibilidade da realização da experiência teatral.

Outra é a história da busca por novas linguagens marcada pelos indícios da vontade de criar uma forma artística que misture teatro e vídeo ou cinema. O diretor Robert Lepage acredita que, com os avanços da tecnologia, não estamos tão distantes de conceber o que seria uma oitava arte: a junção do teatro e do cinema, guardando as peculiaridades e qualidades de cada um. Ou seja, tudo indica que caminhamos nesse sentido e prova disso é o aumento de experiências de realidade ampliada, como tem feito o próprio Lepage, as inovações com o uso de tecnologias em tempo real, como as recentes propostas do coletivo The Builders Association, ou ainda as pistas apontadas pelos espetáculos híbridos entre cinema e teatro, como as produções de Katie Mitchell e Cristiane Jatahy.

Tais exemplos mostram que não falta técnica nem competência para explorar os recursos de vídeo junto aos espetáculos. Pelo contrário, cada vez mais vídeo e teatro caminham juntos, criando espetáculos potentes com estéticas inovadoras. Porém, gravar um espetáculo para ser assistido posteriormente é uma prática que não tem nada a ver com a linguagem de vídeo incorporada ao teatro.

Ou seja, não nos parece que registros em vídeo consigam cumprir a valiosa função de resguardar o que de genuíno o artista capta do mundo ao seu redor, função que o texto dramático pode exercer ao possibilitar nossos reencontros com outros tempos. Pensemos em *Testigo de las ruinas*, *Pendente de voto*, *Situation Rooms* ou *Stifters Dinge*. Parece-nos que em nenhum desses casos a transposição dos textos para o papel faria sentido enquanto roteiro ou texto do espetáculo. Vimos que a teatralidade, no entanto, está fortemente presente nos espetáculos, cada um a seu modo. Porém, desconhecemos uma forma de registro textual dessas teatralidades que possibilite que um dia as peças venham a ser remontadas por outros artistas. Com o aumento do número de espetáculos desse tipo, essa talvez seja uma reflexão interessante a ser desenvolvida. Será que haveria algum sentido em tentar construir novas formas de escrituras para dar conta do registro dessas peças, que possam ser, um dia, disponibilizadas para novas montagens? Seria o caso de criar uma espécie de modo de usar ou de sistematizar procedimentos a partir dos quais outros artistas possam desenvolver novos trabalhos? Tal mecanismo seria do interesse dos artistas-criadores? Será que algum artista, no futuro, cogitaria remontar tais trabalhos? Ou deixaríamos esses espetáculos mergulhados no acontecimento, no efêmero, dando-lhes a possibilidade de apagar-se para sobreviver?

Da tentativa de resposta a tais perguntas, surgirão certamente outras e outras, até que venha uma que faça sentido. Em todo caso, as novas linguagens teatrais requerem novos meios para suas análises e registros. Abre-se um campo de pesquisa, passível de renovações estéticas. Trata-se de uma operação ousada, pois transfere-se para a teoria uma responsabilidade literária, sem, no entanto, tirar-lhe o caráter acadêmico. Um testemunho crítico, talvez, aproximando-nos do vocabulário elaborado pelo Mapa Teatro. Um ligeiro deslocamento que seja capaz de tirar nossos pés um pouco fora do chão. O suficiente para nos descolarmos de certezas e conseguirmos, de algum modo, captar o que de fato faz sentido na urgência do contemporâneo.

BIBLIOGRAFIA

ABDERHALDEN CORTÉS, Rolf. *Mapamundi: Plurivers poïétique (Mapa Teatro: 1984-2014).* 2014. 612 p. Tese (Doutorado em etnocenologia), Université Paris VIII, Paris, 2014.

ABREU, Caio Fernando. Dama da noite. In: ABREU, Caio Fernando. *Os dragões não conhecem o paraíso.* São Paulo: Companhia das Letras, 1988.

AGAMBEN, Giorgio. *Infância e história: destruição da experiência e origem da história.* Trad. Henrique Burigo. Belo Horizonte: Editora UFMG, 2008.

_____. *L'avventura.* Roma: Nottetempo, 2015.

_____. *O amigo & O que é um dispositivo.* Chapecó: Argos, 2014.

_____. *O que é contemporâneo? E outros ensaios.* Trad. Vinícius Nicastro Honesko. Chapecó: Argos, 2009.

ANGUS, Ian. Another Attack on Anthropocene Science. *Climate & Capitalism*, 14. jan. 2017. Disponível em: <http://climateandcapitalism.com/2017/01/24/another-attack-on-anthropocene-science/>. Acesso em: 25 jan. 2017.

BAGO, Rafael. Peça interativa sobre a democracia quase termina em "revolução". *Folha de S.Paulo.* São Paulo, 11 jun. 2014. Disponível em: <http://fotografia.folha.uol.com.br/galerias/26023-peca-pendente-de-voto>. Acesso em: 14 jun. 2014.

BENJAMIN, Walter. A obra de arte na era de sua reprodutibilidade técnica. In: BENJAMIN, Walter. *Obras escolhidas: magia e técnica, arte e política.* Trad. Sérgio Paulo Rouanet. São Paulo: Brasiliense, 1996.

BERGER, John; DYER, Geoff (ed.). *Selected Essays*. London: Bloomsbury, 1983.

BISHOP, Claire. *Artificial Hells: Participatory Arts and the Politics of Spectatorship*. London: Verso, 2012.

BOURRIAUD, Nicolas. *Estética relacional*. Trad. Denise Bottmann. São Paulo: Martins Fontes, 2009.

CAGE, John. *De segunda a um ano*. Trad. Rogério Duprat. São Paulo: Hucitec, 1985.

CALIXTO, Bruno. O que é o Antropoceno, a época em que os humanos tomam controle do planeta. *Época*. Blog do Planeta. Disponível em: <http://epoca.globo.com/colunas-e-blogs/blog-do-planeta/noticia/2015/12/o-que-e-o-antropoceno-epoca-em-que-os-humanos-tomam-controle-do-planeta.html>. Acesso em: 15 abr. 2016.

CARLSON, Marvin. Expansão do teatro moderno rumo à realidade. Trad. Stephan Baumgärtel. *Art Research Journal*, v. 3, n. 1, pp. 1-19, jan./jun. 2016.

CASTELLUCCI, Romeo; PERRIER, Jean-Louis. Le Sacre du Printemps. *Theatre-contemporain.net*. Entrevista concedida em março de 2014. Disponível em: <http://www.theatre-contemporain.net/spectacles/Le-Sacre-du-Printemps/ensavoirplus/>. Acesso em: 5 jan. 2017.

CAUQUELIN, Anne. *Fréquenter les incorporels: Contribution à une théorie de l'art contemporain*. Paris: Presses Universitaires de France, 2006.

CLARK, Lygia. *Lygia Clark*. Barcelona: Fundació Antoni Tàpies, 1997.

CORNAGO BERNAL, Óscar (org.). Conversaciones con Angélica Liddell. In: CORNAGO BERNAL, Óscar (org.). *Políticas de la palabra: Esteve Graset, Carlos Marquerie, Sara Molina, Angélica Liddell*. Madrid: Fundamentos, 2005, pp. 317-29.

COSTA, Felisberto Sabino da. *A poética do ser e não ser: procedimentos dramatúrgicos do teatro de animação*. São Paulo: Edusp, 2016.

CRAIG, Edward G. O ator e a supermarionete (versão integral). Trad. Almir Ribeiro. *Sala Preta*, v. 12, n. 1, 2012.

DAWKINS, Richard. *O gene egoísta*. Trad. Geraldo Florsheim. Belo Horizonte: Itatiaia/São Paulo: Edusp, 1979.

DELEUZE, Gilles. *Mil platôs: capitalismo e esquizofrenia*. Trad. Ana Lúcia de Oliveira, Aurélio Guerra Neto e Célia Pinto Costa. Rev. técnica Luiz B. L. Orlandi. São Paulo: Editora 34, 1995, v. I.

_____. Mística e masoquismo. Entrevista concedida a Madeleine Chapsal. In: DELEUZE, Gilles. *A ilha deserta e outros textos e entrevistas, 1953-1974*. Tradução organizada por Luiz B. Orlandi. São Paulo: Iluminuras, 2006.

DIÉGUEZ CABALLERO, Ileana. Cenários expandidos. (Re)presentações, teatralidades e performatividades. Trad. Edelcio Mostaco. *Revista Urdimento*, n. 15, out. 2010.

_____. *Cenários liminares: teatralidades, performances e políticas*. Trad. Luiz Alberto Alonso e Ângela Reis. Uberlândia: EDUFU, 2011. (Coleção Teoria Teatral Latino-Americana: v. 1)

DERRIDA, Jacques. *Torres de Babel*. Trad. Júnia Barrelo. Belo Horizonte: Editora UFMG, 2002.

DIDI-HUBERMAN, Georges. *Sobrevivência dos vaga-lumes*. Trad. Vera Casa Nova e Márcia Arbex. Belo Horizonte: Editora UFMG, 2011.

DUBATTI, Jorge. *Introducción a los estudios teatrales*. Ciudad de México: Libros de Godot, 2011.

EIERMANN, André. Teatro postespectacular. La alteridad de la representación y la disolución de las fronteras entre las artes. Trad. Micaela van Muylen. *Telón de Fondo*, n. 16, dez. 2012.

ELLIS, Erle C. *et al*. Dating the Anthropocene: Towards an Empirical Global History of Human Transformation of the Terrestrial Biosphere. *Elementa: Science of the Anthropocene*, 4 dez. 2013. Disponível em: <https://www.elementascience.org/articles/10.12952/journal.elementa.000018/>. Acesso em: 7 jan. 2017.

FABIÃO, Eleonora B. Performance e precariedade. In: OLIVEIRA Jr., Antônio Wellington (org.). *A performance ensaiada: ensaios sobre performance contemporânea*. Fortaleza: Expressão, 2011, pp. 63-85.

_____. Corpo cênico, estado cênico. *Revista Contrapontos*, v. 10, n. 3, pp. 321-6, set.-dez. 2010. Disponível em: <http://siaiap32.univali.br/seer/index.php/rc/article/view/2256/1721>. Acesso em: 10 jun. 2014.

FARGE, Arlette. *O sabor do arquivo*. Trad. Fátima Murad. São Paulo: Edusp, 2009.

FÉRAL, Josette. Por uma poética da performatividade: o teatro performativo. *Sala Preta*, v. 8, 2008.

_____. *Théorie et pratique du théâtre: Au-delà des limites*. Montpellier: L'Entretemps, 2011.

_____. PERROT, Edwige. De la présence aux effets de présence. Écarts et enjeux. In: FÉRAL, Josette (org.). *Pratiques performatives: Body Remix*. Québec: Presses de l'Université du Québec/ Rennes: Presses Universitaires de Rennes, 2012.

FERNANDES, Sílvia. Experiências do real no teatro. *Sala Preta*, v. 13, n. 2, 2013.

_____. Performatividade e gênese da cena. *Revista Brasileira de Estudos da Presença*, v. 3, n. 2, pp. 404-9, maio/ago. 2013. Disponível em: <https://www.scielo.br/pdf/rbep/v3n2/2237-2660-rbep-3-02-00404.pdf>. Acesso em: 10 jun. 2014.

_____. *Teatralidades contemporâneas*. São Paulo: Perspectiva, 2010.

FINTER, Helga. Das Kameraauge des postmodern Theaters. In: THOMSEN, C. W. (org.). *Studien zur Ästhetik des Gegenwartstheaters*. Heidelberg: Winter, 1985.

_____. Der (leere) Raum zwischen Hören und Sehen: Zu einem Theater ohne Schauspieler. In: HEILMANN, Till A.; HEIDEN, Anne von der; TUSCHLING, Anna. (org.). *Medias in res. Medienkulturwissenschaftliche Positionen*. Bielefeld: Transkript, 2011.

FISCHER-LICHTE, Erika. *The Transformative Power of Performance*. London: Routledge, 2008.

_____. Realidade e ficção no teatro contemporâneo. Trad. Marcus Borja. *Sala Preta*, v. 13, n. 1, 2013.

FOUCAULT, Michel. O que são as Luzes?. In: FOUCAULT, Michel. *Ditos e escritos II*. Trad. Elisa Monteiro. Rio de Janeiro: Forense Universitária, 2000.

FREYDEFONT, Marcel. Les contours d'un théâtre immersif (1990-2010). *Agôn* (Déborder les frontières, n. 3: Utopies de la scène, scènes de l'utopie). Lyon: ENS de Lyon, 2010. Disponível em: <http://agon.ens-lyon.fr/index.php?id=1559>. Acesso em: 10 jan. 2011.

GOEBBELS, Heiner. *Aesthetics of Absence*. Trad. David Roesner e Christina M. Lago. London: Routledge, 2015.

_____. *Aesthetics of Absence: Questioning Basic Assumptions on the Performing Arts*. Palestra proferida na Cornell University, 9 mar. 2010. Disponível em: <http://igcs.cornell.edu/files/2013/09/Goebbels-Cornell-Lecture18-1dnqe5j.pdf>. Acesso em: 10 jan. 2011.

GUÉNOUN, Denis. *A exibição das palavras: uma ideia (política) do teatro*. Trad. Fátima Saadi. Rio de Janeiro: Teatro do Pequeno Gesto, 2003.

HARDT, Michael; NEGRI, Antonio. *Multidão: guerra e democracia na era do império*. Trad. Clóvis Marques. Rio de Janeiro: Record, 2005.

HARTWIG, Susanne; PÖRTL, Klaus. *La voz de los dramaturgos: el teatro español y latinoamericano actual*. Tübingen: Max Niemeyer, 2008.

HIRSCH, Nikolaus. *Theatrum belli*. Programa do espetáculo *Situation Rooms*, 2013.

HÖLDERLIN, Friedrich. *Observações sobre Édipo e observações sobre Antígona*. Rio de Janeiro: Jorge Zahar, 2008.

KANE, Sarah. *Psicose 4.48*. Trad. Laerte Mello. Disponível em: <https://pt.scribd.com/doc/46025569/Psicose-4-48-Sarah-Kane>. Acesso em: 10 jan. 2011.

KAPELUSZ, Anyssa. Quitter la communauté? L'écoute au casque dans les dispositifs théâtraux contemporains. *Théâtre public - Penser le spectateur*, n. 208, pp. 124-8, abr.-jun. 2013.

LAURENT, John. A Note on the Origin of 'Memes/Mnemes'. *Journal of Memetics*, v. 3, pp. 14-9, 1999.

LEHMANN, Hans-Thies. *Le Théâtre postdramatique*. Paris: L'Arche, 2002.

_____. Theory in Theatre? In: DREYSSE, Miriam; e MALZACHER, Florian (org.)., *Experts of the Everyday: The Theatre of Rimini Protokoll*. Berlin: Alexander, 2008.

LIDDELL, Angélica; LUCAS, Antonio. *El Mundo*. Entrevista concedida em 3 fev. 2008. (*Apud*: EGEA, Ana Vidal. *El teatro de Angélica Liddell (1988-2009)*. Tese (Doutorado), UNED, 2010.

_____; PERRIER Jean-François. ¿Qué haré yo con esta espada?. Trad. María Serna. *Theatre-Contemporain*, 2016. Disponível em: <http://www.theatre-contemporain.net/spectacles/Que--hare-yo-con-esta-espada/ensavoirplus/>. Acesso em: 20 jul. 2016.

MAGNOLI, Demétrio. Teoria da conspiração por trás da morte de Bin Laden. *Folha de S.Paulo*, Caderno Ilustríssima, 17 maio 2015.

MALM, Andreas. *Fossil Capital: The Rise of Steam Power and the Roots of Global Warming.* London: Verso, 2016.

_____. The Anthropocene Myth. *Jacobin*, 30 mar. 2015. Disponível em: <https://www.jacobinmag.com/2015/03/anthropocene--capitalism-climate-change/>. Acesso em: 10 dez. 2016.

MALZACHER, Florian. Dramaturgies of Care and Insecurity. In: DREYSSE, Miriam; MALZACHER, Florian (org.). *Experts of the Everyday: The Theatre of Rimini Protokoll.* Berlin: Alexander, 2008.

MERLEAU-PONTY, Maurice. *Fenomenologia da percepção.* Trad. Carlos Alberto Ribeiro de Moura. São Paulo: Martins Fontes, 1999.

MORIN, Edgar. *Introduction à la pensée complexe.* Paris: Le Seuil, 2005.

NEGRI, Antonio. *Art et multitude: Neuf lettres sur l'art suivie de Métamorphoses.* Trad. Judith Revel *et al.* Paris: Mille et une nuits, 2009.

NIETZSCHE, Friedrich. *Genealogia da moral: uma polêmica.* Trad. Paulo César de Souza. São Paulo: Companhia das Letras, 2001.

NODARI, Alexandre. *Limitar o limite: modos de subsistência.* São Paulo: n-1 edições, 2016.

NUNES, Leandro. Angélica Liddell volta a São Paulo com peça sobre ataques terroristas na França. *O Estado de S. Paulo*, 17 set. 2016. Disponível em: <http://cultura.estadao.com.br/noticias/teatro-e-danca,angelica-liddell-volta-a-sao-paulo-com-peca-sobre-ataques-terroristas-na-franca,10000076511>. Acesso em: 5 jan. 2017.

OLIVEIRA, Luiz Alberto. *Antropoceno, objetos invisíveis, utopia*, 2015. Disponível em: <http://ciclo2015.mutacoes.com.br/sinopses/antropoceno-objetos-invisiveis-utopia/>. Acesso em: 10 mar. 2016.

PASOLINI, Pier Paolo. L'articolo delle lucciole. In: PASOLINI, Pier Paolo. *Scritti corsari*. Milano: Garzanti, 1975.

_____. O artigo dos pirilampos. In: LAHUD, Michel (org.). *Os jovens infelizes. Antologia de ensaios corsários*. Trad. Michel Lahud e Maria Betânia Amoroso. São Paulo: Brasiliense, 1990.

PAZ, Octavio. *Los hijos del limo*. Barcelona: Seix Barral, 1986.

PELBART, Peter Pál. *O avesso do niilismo: cartografias do esgotamento*. São Paulo: n-1 edições, 2013.

PESSOA, Fernando. *Mensagem*. 10. ed. Lisboa: Ática, 1972.

RAMOS, Luiz Fernando. Actors, Screens and the Scene as Operation: Gordon Craig and the Contemporary Theatre. *Revista do Programa de Pós-Gradução em Artes da UnB*, v. 12, n. 1, jan./jul. 2013, pp. 22-9.

ROLNIK, Suely. *A hora da micropolítica*. São Paulo: n-1 edições, 2016.

_____. *Posiblemente hablemos de lo mismo*. Catálogo da exposição da obra de Maurício Dias e Walter Riedweg. Barcelona: MacBa, Museu d'Art Contemporani de Barcelona, 2003.

_____. Lygia chamando. In: PESSOA, Fernando; CANTON, Kátia (org.). *Sentidos e arte contemporânea*. Rio de Janeiro: Associação Museu Vale do Rio Doce, 2007.

RUIZ, Castor Bartolomé M. M. A testemunha e a memória. O paradoxo do indizível da tortura e o testemunho do desaparecido. *Ciências Sociais Unisinos*, v. 48, n. 2, pp. 70-83, mai./ago. 2012.

SAISON, Maryvonne. *Les théâtres du réel: Pratiques de la représentation dans le théâtre contemporain*. Paris: L'Harmattan, 1998.

TURNER, Victor. *The Ritual Process: Structure and Anti-Structure*. London: Transaction, 1969.

VIVEIROS DE CASTRO, Eduardo. *Os involuntários da pátria*. São Paulo: n-1 edições, 2016.

WARLIKOWSKI, K.; GRUSZCZYNSKI, P.; PONIEDZIAŁEK, J. *(A)Pollonia*. Trad. inglês de Daniel Cordova. São Paulo: n-1 edições, 2017.

SOBRE A AUTORA

Andrea Caruso Saturnino é graduada em Letras pela UFMG, mestre em Artes Performáticas pela Universidade Sorbonne Nouvelle e doutora em Artes Cênicas pela USP. Iniciou sua carreira no teatro como atriz e diretora, e posteriormente migrou para o outro lado da cena, dedicando-se à pesquisa teórica, à curadoria, à produção e à gestão cultural. Criou e realizou a circulação de diversos espetáculos nacionais e internacionais, além de organizar encontros, intercâmbios artísticos e projetos transdisciplinares como o *Multitude* e o *Living Theatre, presente!* É fundadora e diretora da Performas, produtora internacional responsável pela apresentação no Brasil de grandes artistas da cena teatral contemporânea, como Angélica Liddell, Mapa Teatro, Roger Bernat, Robert Lepage, Wajdi Mouawad e Finzi Pasca. Concebeu o Brasil Cena Aberta, associação que dirige e é voltada à difusão das artes cênicas brasileiras em âmbito internacional, fomentando a capacitação de artistas, técnicos e produtores e promovendo mostras, residências, intercâmbios e coproduções. É autora de artigos sobre a criação e a recepção de espetáculos de teatro contemporâneo.

Fontes   Cardea OT e Fakt
Papel   Pólen Soft 80g/m²
Impressão   Elyon Soluções Gráficas Ltda.
Data   Novembro de 2021